Francisco Cândido Xavier

Fonte Viva

Ditado pelo Espírito de
Emmanuel

1ª edição
11.000 exemplares

1956

FEDERAÇÃO ESPÍRITA BRASILEIRA
(Departamento Editorial)
Rua Figueira de Melo, 410 e Avenida Passos, 30
RIO DE JANEIRO

Esclarecimento ao Leitor

Esta nova edição procura contemplar o texto do autor espiritual Emmanuel, psicografado por Francisco Cândido Xavier, conforme registrado na primeira edição, arquivada e disponível para consulta nos acervos da FEB (Patrimônio do Livro e Biblioteca de Obras Raras).

Dessa forma, as modificações ocorrerão apenas no caso de haver incorreção patente quanto à norma culta vigente da Língua Portuguesa no momento da publicação, ou para atender às diretrizes de normalização editorial previstas no *Manual de Editoração da FEB*, sem prejuízo para o conteúdo da obra nem para o estilo do autor espiritual.

Quando se tratar de caso específico que demandar explicação própria, esta virá como nota de rodapé, para facilitar a compreensão textual.

Para a redação de cada nota explicativa, sempre que necessário foram consultados especialistas das áreas afetas ao tema, como historiadores e linguistas.

A FEB reitera, com esse procedimento, seu respeito às fontes originais e ao fenômeno mediúnico de excelência que foi sempre a marca registrada do inesquecível médium Francisco Cândido Xavier.

FEB Editora
Brasília (DF), 2 de setembro de 2022.

Chico Xavier
Pelo Espírito Emmanuel

Fonte viva

COLEÇÃO FONTE VIVA

Copyright © 1956 *by*
FEDERAÇÃO ESPÍRITA BRASILEIRA – FEB

1ª edição – 1ª impressão – 6 mil exemplares – 9/2022

ISBN 978-65-5570-419-8

Esta obra foi revisada com base no texto da primeira edição de 1956.

Todos os direitos reservados. Nenhuma parte desta publicação pode ser reproduzida, armazenada ou transmitida, total ou parcialmente, por quaisquer métodos ou processos, sem autorização do detentor do *copyright*.

FEDERAÇÃO ESPÍRITA BRASILEIRA – FEB
SGAN 603 – Conjunto F – Avenida L2 Norte
70830-106 – Brasília (DF) – Brasil
www.febeditora.com.br
editorial@febnet.org.br
+55 61 2101 6161

Pedidos de livros à FEB
Comercial
Tel.: (61) 2101 6161 – comercial@febnet.org.br

Dados Internacionais de Catalogação na Publicação (CIP)
(Federação Espírita Brasileira – Biblioteca de Obras Raras)

E54f   Emmanuel (Espírito)

         Fonte viva / pelo Espírito Emmanuel; [psicografado por] Francisco Cândido Xavier – 1. ed. – 1. imp. – Brasília: FEB, 2022.

         408 p.; 23 cm – (Coleção Fonte viva; 4)

         Inclui índice das obras por capítulos e versículos e índice geral

         ISBN 978-65-5570-419-8

         1. Jesus Cristo – Interpretações espíritas. 2. Bíblia e Espiritismo. 3. Obras psicografadas. I. Xavier, Francisco Cândido, 1910–2002. II. Federação Espírita Brasileira. III. Título. IV. Coleção.

                                                       CDD 133.93
                                                       CDU 133.7
                                                       CDE 20.03.00

Sumário

Esclarecimento ao Leitor 2
Com Jesus e por Jesus 13

1	Ante a lição	16
2	Modo de fazer	18
3	Na grande romagem	20
4	Cada qual	22
5	Consegues ir?	24
6	Aceita a correção	26
7	Pelos frutos	28
8	Obreiros atentos	30
9	Estejamos contentes	32
10	Certamente	34
11	Glorifiquemos	36
12	Impedimentos	38
13	Ergamo-nos	40
14	Indagação oportuna	42
15	Fraternidade	44
16	Não te perturbes	46
17	Cristo e nós	48
18	Não somente	50
19	Apascenta	52
20	Diferença	54
21	Maioridade	56
22	A retribuição	58

23	Ante o sublime	60
24	Pelas obras	62
25	Nos dons do Cristo	64
26	Obreiro sem fé	66
27	Destruição e miséria	68
28	Alguma coisa	70
29	Sirvamos	72
30	Educa	74
31	Lavradores	76
32	A boa parte	78
33	Erguer e ajudar	80
34	Guardemos o cuidado	82
35	Estendamos o bem	84
36	Afirmação esclarecedora	86
37	Na obra regenerativa	88
38	Se soubéssemos	90
39	Fé inoperante	92
40	Ante o objetivo	94
41	Na senda escabrosa	96
42	Por um pouco	98
43	Linguagem	100
44	Tenhamos fé	102
45	Somente assim	104
46	Na cruz	106
47	Autolibertação	108
48	Diante do Senhor	110
49	União fraternal	112
50	Avancemos	114

51	Sepulcros abertos	117
52	Servir e marchar	119
53	Na pregação	121
54	Procuremos com zelo	123
55	Elucidações	125
56	Renasce agora	127
57	Apóstolos	129
58	Discípulos	132
59	Palavras da Vida Eterna	134
60	Esmola	136
61	Nunca desfalecer	139
62	Devagar, mas sempre	141
63	Diferenças	143
64	Semeadores	145
65	Não te enganes	147
66	Acordar e erguer-se	150
67	Modo de sentir	152
68	Sementeira e construção	154
69	Firmeza e constância	156
70	Solidão	158
71	Aproveita	160
72	Incompreensão	162
73	Estímulo fraternal	165
74	Quando há luz	167
75	Administração	169
76	Fermento espiritual	171
77	Pai-Nosso	173
78	Enxertia divina	175

79	Sigamos a Paz	177
80	Corações cevados	179
81	A candeia viva	181
82	Quem serve, prossegue	183
83	Avancemos além	185
84	Na instrumentalidade	187
85	Impedimentos	189
86	Estás doente?	191
87	Recebeste a luz?	194
88	Caindo em si	196
89	Em nossa marcha	198
90	Varonilmente	200
91	Problemas do Amor	202
92	Demonstrações do Céu	204
93	Altar íntimo	206
94	Capacete da Esperança	208
95	Vê e segue	210
96	Além dos outros	212
97	A palavra da Cruz	214
98	Couraça da Caridade	216
99	Persiste e segue	218
100	Ausentes	220
101	A cortina do "eu"	222
102	Regozijemo-nos sempre	225
103	Esperar e alcançar	227
104	Diante da multidão	229
105	Sois a Luz	231
106	Sirvamos ao Bem	233

107	Renovemo-nos dia a dia	235
108	Um pouco de fermento	237
109	A exemplo do Cristo	239
110	Vigiemos e oremos	241
111	Fortaleçamo-nos	243
112	Que farei?	245
113	Busquemos o melhor	247
114	Embainha tua espada	249
115	Guardemos lealdade	251
116	Ir e ensinar	253
117	Possuímos o que damos	255
118	Em nossas tarefas	257
119	Eia agora	259
120	Assim será	261
121	Busquemos a luz	263
122	Entendamo-nos	265
123	Viver em paz	267
124	Não te canses	269
125	Ricamente	271
126	Ajudemos sempre	273
127	Humanidade Real	275
128	Não rejeites a confiança	277
129	Guarda a paciência	279
130	Na esfera íntima	281
131	No campo social	283
132	Tendo medo	285
133	Que tendes?	287
134	Busquemos o equilíbrio	289

135	Desculpa sempre	291
136	Vivamos calmamente	293
137	Atendamos ao Bem	295
138	O justo remédio	297
139	Na obra de salvação	299
140	Após Jesus	301
141	Renova-te sempre	303
142	Não furtes	305
143	Acorda e ajuda	307
144	Ajudemos a vida mental	309
145	Guardai-vos dos cães	311
146	Saibamos cooperar	313
147	Refugia-te em paz	316
148	O herdeiro do Pai	319
149	No culto à prece	322
150	A oração do justo	324
151	Maledicência	326
152	Vem!	328
153	Ouçamos	330
154	Ninguém vive para si	332
155	Aprendamos a agradecer	334
156	Parentes	336
157	Crianças	338
158	Na ausência do amor	340
159	Na presença do amor	342
160	Na luta vulgar	344
161	No esforço comum	346
162	Dentro da luta	348

163	Aprendamos com Jesus	350
164	Diante de Deus	352
165	Não duvides	354
166	Sigamo-lo	356
167	Observemo-nos	358
168	Entre o berço e o túmulo	360
169	Busquemos a Eternidade	362
170	Rotulagem	364
171	Testemunho	366
172	Ante o Cristo libertador	368
173	Ante a luz da Verdade	370
174	Mãos estendidas	372
175	Mudança	374
176	Necessidade do Bem	376
177	Riqueza para o Céu	378
178	Reverência e piedade	380
179	Reparemos nossas mãos	382
180	Natal	384

Índice das obras por capítulos e versículos 386
Índice geral 392
Tabela de Edições: *Fonte viva* 402

Com Jesus e por Jesus

Na introdução de *O livro dos espíritos*,[1] recolhemos de Allan Kardec esta afirmação expressiva:

> As comunicações entre o Mundo Espiritual e o mundo corpóreo estão na ordem natural das coisas e não constituem fato sobrenatural, tanto que de tais comunicações se acham vestígios entre todos os povos e em todas as épocas. Hoje se generalizaram e se tornaram patentes a todos.

No item VIII[2] das páginas de conclusão do mesmo livro, o Codificador assevera com segurança:

> Jesus veio mostrar aos homens o caminho do verdadeiro bem. Por que, tendo-o enviado para fazer lembrar sua Lei que estava esquecida, não havia Deus de enviar hoje os Espíritos, a fim de a lembrarem novamente aos homens, e com maior precisão, quando eles a olvidam para tudo sacrificar ao orgulho e à cobiça?

E sabemos que, de permeio, o grande livro que lançou os fundamentos do Espiritismo trata, dentre valiosos assuntos, das Leis de Adoração, Trabalho, Sociedade, Progresso, Igualdade, Liberdade, Justiça,

---

[1] "Prolegômenos", 23. ed. da Federação Espírita Brasileira.
[2] *O livro dos espíritos*, "Conclusão", 23. ed. da Federação Espírita Brasileira.

Amor, Caridade e Perfeição Moral, bem como das Esperanças e das Consolações.

Reportamo-nos a tais referências para recordar que o fenômeno espírita sempre esteve presente no mundo, em todos os lances evolutivos da Humanidade, e que Allan Kardec, desde o início do ministério a que se consagrou, imprimiu à sua obra o cariz religioso de que não podia ela ausentar-se, tendo até acentuado que o Espiritismo é forte porque assenta sobre os fundamentos mesmos da Religião: Deus, a alma, as penas e as recompensas futuras.

Aceitamos, perfeitamente, as bases científicas e filosóficas em que repousa a Doutrina Espírita, as quais nos ensejam adquirir a "fé raciocinada capaz de encarar a razão face a face", contudo, sobre semelhantes alicerces, vemo-la, ainda e sempre, em sua condição de Cristianismo restaurado, aperfeiçoando almas e renovando a vida na Terra, para a vitória do Infinito Bem, sob a égide do Cristo, nosso Divino Mestre e Senhor.

O apóstolo da Codificação não desconhecia o elevado mandato relativamente aos princípios que compilava, e, por isso mesmo, desde a primeira hora, preocupou-se com os impositivos morais de que a Nova Revelação se reveste, tendo salientado que as consequências do Espiritismo se resumem em melhorar o homem e, por conseguinte, torná-lo menos infeliz, pela prática da mais pura moral evangélica.

Sabemos que a retorta não sublima o caráter e que a discussão filosófica nada tem que ver com caridade e justiça. Com todo o nosso respeito, pois, pela filosofia que indaga e pela ciência que esclarece, reconheceremos sempre no Espiritismo o Evangelho do Senhor, redivivo e atuante, para instalar com Jesus a Religião Cósmica do Amor Universal e da Divina Sabedoria sobre a Terra.

Espíritos desencarnados aos milhões e em todos os graus de inteligência enxameiam o mundo, requisitando, tanto quanto os encarnados, o concurso da educação.

Não podemos, por isso, acompanhar os que fazem de nossa Redentora Doutrina mera tribuna discutidora ou simples caçada a demonstrações de sobrevivência, apenas para a realização de torneios literários ou para longos cavacos de gabinete e anedotas de salão, sem qualquer consequência espiritual para o caminho que lhes é próprio.

Estudemos, assim, as lições do Divino Mestre e aprendamo-las na prática de cada dia.

A morte a todos nos reunirá para a compreensão da verdadeira vida... E, sabendo que a justiça definir-nos-á segundo as nossas obras, abracemos a Codificação Kardequiana, prosseguindo para a frente, com Jesus e por Jesus.

EMMANUEL
Pedro Leopoldo (MG), 11 de fevereiro de 1956.

1
Ante a lição

*Considera o que te digo, porque o
Senhor te dará entendimento.*
Paulo (*II Timóteo*, 2:7.)

Ante a exposição da verdade, não te esquives à meditação sobre as luzes que recebes.

Quem fita o céu, de relance, sem contemplá-lo, não enxerga as estrelas; e quem ouve uma sinfonia, sem abrir-lhe a acústica da alma, não lhe percebe as notas divinas.

Debalde escutarás a palavra inspirada de pregadores ardentes, se não descerras o coração para que o teu sentimento mergulhe na claridade bendita daquela.

Inúmeros seguidores do Evangelho se queixam da incapacidade de retenção dos ensinos da Boa-Nova, afirmando-se ineptos à frente das novas revelações, e isto porque não dispensam maior trato à lição ouvida, demorando-se longo tempo na província da distração e da leviandade.

Quando a câmara permanece sombria, somos nós quem desata o ferrolho à janela para que o sol nos visite.

Dediquemos algum esforço à graça da lição e a lição nos responderá com as suas graças.

O Apóstolo dos Gentios é claro na observação.

"Considera o que te digo, porque, então, o Senhor te dará entendimento."

Considerar significa examinar, atender, refletir e apreciar.

Estejamos, pois, convencidos de que, prestando atenção aos apontamentos do Código da Vida Eterna, o Senhor, em retribuição à nossa boa vontade, dar-nos-á entendimento em tudo.

2
Modo de fazer

De sorte que haja em vós o mesmo sentimento
que houve também em Cristo Jesus.
Paulo (*Filipenses*, 2:5.)

Todos fazem alguma coisa na vida humana, mas raros não voltam à carne para desfazer quanto fizeram.

Ainda mesmo a criatura ociosa, que passou o tempo entre a inutilidade e a preguiça, é constrangida a tornar à luta, a fim de desintegrar a rede de inércia que teceu ao redor de si mesma.

Somente constrói, sem necessidade de reparação ou corrigenda, aquele que se inspira no padrão de Jesus para criar o bem.

Fazer algo em Cristo é fazer sempre o melhor para todos:

Sem expectativa de remuneração.

Sem exigências.

Sem mostrar-se.

Sem exibir superioridade.

Sem tributos de reconhecimento.

Sem perturbações.

Em todos os passos do Divino Mestre, vemo-lo na ação incessante, em favor do indivíduo e da coletividade, sem prender-se.

Da carpintaria de Nazaret à cruz de Jerusalém, passa fazendo o bem, sem outra paga além da alegria de estar executando a Vontade do Pai.

Exalta o vintém da viúva e louva a fortuna de Zaqueu, com a mesma serenidade.

Conversa amorosamente com algumas criancinhas e multiplica o pão para milhares de pessoas, sem alterar-se.

Reergue Lázaro do sepulcro e caminha para o cárcere, com a atenção centralizada nos Desígnios Celestes.

Não te esqueças de agir para a felicidade comum, na linha infinita dos teus dias e das tuas horas. Todavia, para que a ilusão te não imponha o fel do desencanto ou da soledade, ajuda a todos, indistintamente, conservando, acima de tudo, a glória de ser útil, "de modo que haja em nós o mesmo sentimento que vive em Jesus Cristo".

3
Na grande romagem

Pela fé, Abraão, sendo chamado, obedeceu, indo para um lugar que havia de receber por herança; e saiu, sem saber para onde ia.
PAULO (*Hebreus,* 11:8.)

Pela fé, o aprendiz do Evangelho é chamado, como Abraão, à sublime herança que lhe é destinada.

A conscrição atinge a todos.

O grande patriarca hebreu saiu sem saber para onde ia...

E nós, por nossa vez, devemos erguer o coração e partir igualmente.

Ignoramos as estações de contato na romagem enorme, mas estamos informados de que o nosso objetivo é Cristo Jesus.

Quantas vezes seremos constrangidos a pisar sobre espinheiros da calúnia? quantas vezes transitaremos pelo trilho escabroso da incompreensão? quantos aguaceiros de lágrimas nos alcançarão o espírito? quantas nuvens estarão interpostas, entre o nosso pensamento e o Céu, em largos trechos da senda?

Insolúvel a resposta.

Importa, contudo, marchar sempre, no caminho interior da própria redenção, sem esmorecimento.

Hoje, é o suor intensivo; amanhã, é a responsabilidade; depois, é o sofrimento e, em seguida, é a solidão...

Ainda assim, é indispensável seguir sem desânimo.

Quando não seja possível avançar dois passos por dia, desloquemo-nos para diante, pelo menos, alguns milímetros...

Abre-se a vanguarda em horizontes novos de entendimento e bondade, iluminação espiritual e progresso na virtude.

Subamos, sem repouso, pela montanha escarpada:

Vencendo desertos...

Superando dificuldades...

Varando nevoeiros...

Eliminando obstáculos...

Abraão obedeceu, sem saber para onde ia, e encontrou a realização da sua felicidade.

Obedeçamos, por nossa vez, conscientes de nossa destinação e convictos de que o Senhor nos espera, além da nossa cruz, nos cimos resplandecentes da eterna ressurreição.

4
Cada qual

Ora, há diversidade de dons, mas o Espírito é o mesmo.
Paulo (*I Coríntios*, 12:4.)

Em todos os lugares e posições, cada qual pode revelar qualidades divinas para a edificação de quantos com ele convivem.

Aprender e ensinar constituem tarefas de cada hora, para que colaboremos no engrandecimento do tesouro comum de sabedoria e de amor.

Quem administra, mais frequentemente pode expressar a justiça e a magnanimidade.

Quem obedece, dispõe de recursos mais amplos para demonstrar o dever bem cumprido.

O rico, mais que os outros, pode multiplicar o trabalho e dividir as bênçãos.

O pobre, com mais largueza, pode amealhar a fortuna da esperança e da dignidade.

O forte, mais facilmente, pode ser generoso, a todo instante.

O fraco, sem maiores embaraços, pode mostrar-se humilde, em quaisquer ocasiões.

O sábio, com dilatados cabedais, pode ajudar a todos, renovando o pensamento geral para o bem.

O aprendiz, com oportunidades multiplicadas, pode distribuir sempre a riqueza da boa vontade.

O são, comumente, pode projetar a caridade em todas as direções.

O doente, com mais segurança, pode plasmar as lições da paciência no ânimo geral.

Os dons diferem, a inteligência se caracteriza por diversos graus, o merecimento apresenta valores múltiplos, a capacidade é fruto do esforço de cada um, mas o Espírito Divino que sustenta as criaturas é substancialmente o mesmo.

Todos somos suscetíveis de realizar muito, na esfera de trabalho em que nos encontramos.

Repara a posição em que te situas e atende aos imperativos do Infinito Bem. Coloca a Vontade Divina acima de teus desejos, e a Vontade Divina te aproveitará.

5
Consegues ir?

Vinde a mim [...].
Jesus (*Mateus*, 11:28.)

    O crente escuta o apelo do Mestre, anotando abençoadas consolações. O doutrinador repete-o para comunicar vibrações de conforto espiritual aos ouvintes.

    Todos ouvem as palavras do Cristo, as quais insistem para que a mente inquieta e o coração atormentado lhe procurem o regaço refrigerante...

    Contudo, se é fácil ouvir e repetir o "vinde a mim" do Senhor, quão difícil é "ir para Ele"!

    Aqui, as palavras do Mestre se derramam por vitalizante bálsamo, entretanto, os laços da conveniência imediatista são demasiado fortes; além, assinala-se o convite divino, entre promessas de renovação para a jornada redentora, todavia, o cárcere do desânimo isola o espírito, através de grades resistentes; acolá, o chamamento do Alto ameniza as penas da alma desiludida, mas é quase impraticável a libertação dos impedimentos constituídos por pessoas e coisas, situações e interesses individuais, aparentemente inadiáveis.

Jesus, o nosso Salvador, estende-nos os braços amoráveis e compassivos. Com Ele, a vida enriquecer-se-á de valores imperecíveis e à sombra dos seus ensinamentos celestes seguiremos, pelo trabalho santificante, na direção da Pátria Universal...

Todos os crentes registam-lhe[3] o apelo consolador, mas raros se revelam suficientemente valorosos na fé para lhe buscarem a companhia.

Em suma, é muito doce escutar o "vinde a mim"...

Entretanto, para falar com verdade, já consegues ir?

---

[3] N.E.: Forma pouco usual para o verbo "registrar".

6
Aceita a correção

E, na verdade, toda correção, no presente, não parece ser de gozo, senão de tristeza, mas, depois, produz um fruto pacífico de justiça nos exercitados por ela.
Paulo (*Hebreus*, 12:11.)

A terra, sob a pressão do arado, rasga-se e dilacera-se, no entanto, a breve tempo, de suas leiras retificadas brotam flores e frutos deliciosos.

A árvore, em regime de poda, perde vastas reservas de seiva, desnutrindo-se e afeando-se, todavia, em semanas rápidas, cobre-se de nova robustez, habilitando-se à beleza e à fartura.

A água humilde abandona o aconchego da fonte, sofre os impositivos do movimento, alcança o grande rio e, depois, partilha a grandeza do mar.

Qual ocorre na esfera simples da Natureza, acontece no reino complexo da alma.

A corrigenda é sempre rude, desagradável, amargurosa; mas, naqueles que lhe aceitam a luz, resulta sempre em frutos abençoados de experiência, conhecimento, compreensão e justiça.

A terra, a árvore e a água suportam-na, através de constrangimento, mas o Homem, campeão da inteligência no planeta, é livre para recebê-la e ambientá-la no próprio coração.

O problema da felicidade pessoal, por isso mesmo, nunca será resolvido pela fuga ao processo reparador.

Exterioriza-se a correção celeste em todos os ângulos da Terra.

Raros, contudo, lhe aceitam a bênção, porque semelhante dádiva, na maior parte das vezes, não chega envolvida em arminho, e, quando levada aos lábios, não se assemelha a saboroso confeito. Surge, revestida de acúleos ou misturada de fel, à guisa de remédio curativo e salutar.

Não percas, portanto, a tua preciosa oportunidade de aperfeiçoamento.

A dor e o obstáculo, o trabalho e a luta são recursos de sublimação que nos compete aproveitar.

7
Pelos frutos

Por seus frutos os conhecereis.
Jesus (*Mateus*, 7:16.)

Nem pelo tamanho.
Nem pela configuração.
Nem pelas ramagens.
Nem pela imponência da copa.
Nem pelos rebentos verdes.
Nem pelas pontas ressequidas.
Nem pelo aspecto brilhante.
Nem pela apresentação desagradável.
Nem pela vetustez do tronco.
Nem pela fragilidade das folhas.
Nem pela casca rústica ou delicada.
Nem pelas flores perfumadas ou inodoras.
Nem pelo aroma atraente.
Nem pelas emanações repulsivas.

Árvore alguma será conhecida ou amada pelas aparências exteriores, mas sim pelos frutos, pela utilidade, pela produção.

Assim também nosso espírito em plena jornada...

Ninguém que se consagre realmente à verdade dará testemunho de nós pelo que parecemos, pela superficialidade de nossa vida, pela epiderme de nossas atitudes ou expressões individuais percebidas ou apreciadas de passagem, mas sim pela substância de nossa colaboração no progresso comum, pela importância de nosso concurso no bem geral.

– "Pelos frutos os conhecereis" – disse o Mestre.

– "Pelas nossas ações seremos conhecidos" – repetiremos nós.

8
Obreiros atentos

Aquele, porém, que atenta bem para a lei perfeita da liberdade e nisso persevera, não sendo ouvinte esquecido, mas fazedor da obra, esse tal será bem-aventurado em seus feitos.
(Tiago, 1:25.)

O discípulo da Boa-Nova, que realmente comunga com o Mestre, antes de tudo compreende as obrigações que lhe estão afetas e rende sincero culto à Lei de Liberdade, ciente de que ele mesmo recolherá nas leiras do mundo o que houver semeado. Sabe que o juiz dará conta do tribunal, que o administrador responderá pela mordomia e que o servo se fará responsabilizado pelo trabalho que lhe foi conferido. E, respeitando cada tarefeiro do progresso e da ordem, da luz e do bem, no lugar que lhes é próprio, persevera no aproveitamento das possibilidades que recebeu da Providência Divina, atencioso para com as lições da verdade e aplicado às boas obras de que se sente encarregado pelos Poderes Superiores da Terra.

Caracterizando-se por semelhante atitude, o colaborador do Cristo, seja estadista ou varredor, está integrado com o dever que lhe cabe, na posição de agir e servir, tão naturalmente quanto comunga com o oxigênio no ato de respirar.

Se dirige, não espera que outros lhe recordem os empreendimentos que lhe competem. Se obedece, não reclama instruções reiteradas, quanto às atribuições que lhe são deferidas na disposição regimental dos trabalhos de qualquer natureza. Não exige que o governo do seu distrito lhe mande adubar a horta, nem aguarda decretos para instruir-se ou melhorar-se.

Fortalecendo a sua própria liberdade de aprender, aprimorar-se e ajudar a todos, através da inteira consagração aos nobres deveres que o mundo lhe confere, faz-se bem-aventurado em todas as suas ações, que passam a produzir vantagens substanciais na prosperidade e elevação da vida comum.

Semelhante seguidor do Evangelho, de aprendiz do Mestre passa à categoria dos obreiros atentos, penetrando em glorioso silêncio nas reservas sublimes do Celeste Apostolado.

9
Estejamos contentes

*Tendo, porém, sustento e com que nos
cobrirmos, estejamos com isso contentes.*
Paulo (*I Timóteo*, 6:8.)

O monopolizador de trigo não poderá abastecer-se à mesa senão de algumas fatias de pão, para saciar as exigências da sua fome.

O proprietário da fábrica de tecidos não despenderá senão alguns metros de pano para a confecção de um costume, destinado ao próprio uso.

Ninguém deve alimentar-se ou vestir-se pelos padrões da gula e da vaidade, mas sim de conformidade com os princípios que regem a vida em seus fundamentos naturais.

Por que esperas o banquete, a fim de ofereceres algumas migalhas ao companheiro que passa faminto?

Por que reclamas um tesouro de moedas na retaguarda, para seres útil ao necessitado?

A caridade não depende da bolsa. É fonte nascida no coração.

É sempre respeitável o desejo de algo possuir no mealheiro para socorro do próximo ou de si mesmo, nos dias de borrasca e insegurança, entretanto, é deplorável a subordinação da prática do bem ao cofre recheado.

Descerra, antes de tudo, as portas da tua alma e deixa que o teu sentimento fulgure para todos, à maneira de um astro cujos raios iluminem, balsamizem, alimentem e aqueçam...

A chuva, derramando-se em gotas, fertiliza o solo e sustenta bilhões de vidas.

Dividamos o pouco, e a insignificância da boa vontade, amparada pelo amor, se converterá com o tempo em prosperidade comum.

Algumas sementes, atendidas com carinho, no curso dos anos, podem dominar glebas imensas.

Estejamos alegres e auxiliemos a todos os que nos partilhem a marcha, porque, segundo a sábia palavra do apóstolo, se possuímos a graça de contar com o pão e com o agasalho para cada dia, cabe-nos a obrigação de viver e de servir em paz e contentamento.

10
Certamente

Certamente cedo venho.
(*Apocalipse*, 22:20.)

Quase sempre, enquanto a criatura humana respira na carne jovem, a atitude que lhe caracteriza o coração para com a vida é a de uma criança que desconhece o valor do tempo.

Dias e noites são curtos para a internação em alegrias e aventuras fantasiosas. Engodos mil da ilusão efêmera lhe obscurecem o olhar e as horas se esvaem num turbilhão de anseios inúteis.

Raras pessoas escapam de semelhante perda.

Geralmente, contudo, quando a maturidade aparece e a alma já possui relativo grau de educação, o homem reajusta, apressado, a conceituação do dia.

A semana é reduzida para o que lhe cabe fazer.

Compreende que os mesmos serviços, na posição em que se encontra, se repetem a determinados meses do ano, perfeitamente recapitulados, qual ocorre às estações de frio e calor, floração e frutescência para a Natureza.

Agita-se, inquieta-se, desdobra-se, no afã de multiplicar as suas forças para enriquecer os minutos ou ampliá-los, favorecendo as próprias energias.

E, comumente, ao termo da romagem, a morte do corpo surpreende-o nos ângulos da expectativa ou do entretenimento, sem que lhe seja dado recuperar os anos perdidos.

Não te embrenhes, assim, na selva humana, despreocupado de tua habilitação à luz espiritual, ante o caminho eterno.

No penúltimo versículo do Novo Testamento, que é a Carta do Amor Divino para a Humanidade, determinou o Senhor fosse gravada pelo apóstolo a sua promessa solene: – "Certamente, cedo venho."

Vale-te, pois, do tempo e não te faças tardio na preparação.

11
Glorifiquemos

Ora, a nosso Deus e Pai seja dada glória para todo o sempre.
PAULO (*Filipenses*, 4:20.)

Quando o vaso se retirou da cerâmica, dizia sem palavras:

— Bendito seja o fogo que me proporcionou a solidez.

Quando o arado se ausentou da forja, afirmava em silêncio:

— Bendito seja o malho que me deu forma.

Quando a madeira aprimorada passou a brilhar no palácio, exclamava sem voz:

— Bendita seja a lâmina que me cortou cruelmente, preparando-me a beleza.

Quando a seda luziu, formosa, no templo, asseverava no íntimo:

— Bendita seja a feia lagarta que me deu vida.

Quando a flor se entreabriu, veludosa e sublime, agradeceu, apressada:

— Bendita a terra escura que me encheu de perfume.

Quando o enfermo recuperou a saúde, gritou, feliz:

— Bendita seja a dor que me trouxe a lição do equilíbrio.

Tudo é belo, tudo é grande, tudo é santo na casa de Deus.

Agradeçamos a tempestade que renova, a luta que aperfeiçoa, o sofrimento que ilumina.

A alvorada é maravilha do céu que vem após a noite na Terra.

Que em todas as nossas dificuldades e sombras seja nosso Pai glorificado para sempre.

12
Impedimentos

Pondo de lado todo o impedimento [...] corramos com perseverança a carreira que nos está proposta.
Paulo (*Hebreus*, 12:1.)

Por onde transites, na Terra, transportando o vaso de tua fé a derramar-se em boas obras, encontrarás sempre impedimentos a granel, dificultando-te a ação.

Hoje, é o fracasso nas tentativas iniciais de progresso.

Amanhã, é o companheiro que falha.

Depois, é a perseguição descaridosa ao teu ideal.

Afligir-te-ás com o fel de muitos lábios que te merecem apreço.

Sofrerás, de quando em quando, a incompreensão dos outros.

Periodicamente encontrarás na vanguarda obstáculos mil, induzindo-te à inércia ou à negação.

A carreira que nos está proposta, no entanto, deve desdobrar-se no roteiro do bem incessante...

Que fazer com as pessoas e circunstâncias que nos compelem ao retardamento e à imobilidade?

O Apóstolo dos Gentios responde, categórico:

"Pondo de lado todo o impedimento."

Colocar a dificuldade à margem, porém, não é desprezar as opiniões alheias quando respeitáveis ou fugir à luta vulgar. É respeitar cada individualidade, na posição que lhe é própria, é partilhar o ângulo mais nobre do bom combate, com a nossa melhor colaboração pelo aperfeiçoamento geral. E, por dentro, na intimidade do coração, prosseguir com Jesus, hoje, amanhã e sempre, agindo e servindo, aprendendo e amando, até que a luz divina brilhe em nossa consciência, tanto quanto inconscientemente já nos achamos dentro dela.

13
Ergamo-nos

Levantar-me-ei e irei ter com meu pai [...].
(*Lucas*, 15:18.)

Quando o filho pródigo deliberou tornar aos braços paternos, resolveu intimamente levantar-se.

Sair da cova escura da ociosidade para o campo da ação regeneradora.

Erguer-se do chão frio da inércia para o calor do movimento reconstrutivo.

Elevar-se do vale da indecisão para a montanha do serviço edificante.

Fugir à treva e penetrar a luz.

Ausentar-se da posição negativa e absorver-se na reestruturação dos próprios ideais.

Levantou-se e partiu no rumo do Lar Paterno.

Quantos de nós, porém, filhos pródigos da Vida, depois de estragarmos as mais valiosas oportunidades, clamamos pela assistência do Senhor, de acordo com os nossos desejos menos dignos, para que sejamos satisfeitos? quantos de nós descemos, voluntariamente, ao abismo, e, lá dentro, atolados na sombria corrente de nossas paixões, exigimos que o Todo-Misericordioso se faça presente, ao nosso lado, através de seus divinos mensageiros, a fim de que os nossos caprichos sejam atendidos?

Se é verdade, no entanto, que nos achamos empenhados em nosso soerguimento, coloquemo-nos de pé e retiremo-nos da retaguarda que desejamos abandonar.

Aperfeiçoamento pede esforço.

Panorama dos cimos pede ascensão.

Se aspiramos ao clima da Vida Superior, adiantemo-nos para a frente, caminhando com os padrões de Jesus.

Levantar-me-ei – disse o moço da parábola.

Levantemo-nos – repitamos nós.

14
Indagação oportuna

Disse-lhes: – Recebestes vós o Espírito Santo quando crestes?
(*Atos*, 19:2.)

A pergunta apostólica vibra ainda em todas as direções, com a maior oportunidade, nos círculos do Cristianismo.

Em toda a parte, há pessoas que começam a crer e que já creem, nas mais variadas situações.

Aqui, alguém aceita aparentemente o Evangelho para ser agradável às relações sociais.

Ali, um indagador procura o campo da fé, tentando acertar problemas intelectuais que considera importantes.

Além, um enfermo recebe o socorro da caridade e se declara seguidor da Boa-Nova, guiando-se pelas impressões de alívio físico.

Amanhã, todavia, ressurgem tão insatisfeitos e tão desesperados quanto antes.

Nos arraiais do Espiritismo, tais fenômenos são frequentes.

Encontramos grande número de companheiros que se afirmam pessoas de fé, por haverem identificado a sobrevivência de algum parente desencarnado, porque se livraram de alguma dor de cabeça ou porque obtiveram solução para certos problemas da luta material; contudo, amanhã prosseguem duvidando de amigos espirituais e de médiuns respeitáveis, acolhem novas enfermidades ou se perdem através de novos labirintos do aprendizado humano.

A interrogação de Paulo continua cheia de atualidade.

Que espécie de espírito recebemos no ato de crer na orientação de Jesus? o da fascinação? o da indolência? o da pesquisa inútil? o da reprovação sistemática às experiências dos outros?

Se não abrigamos o espírito de santificação que nos melhore e nos renove para o Cristo, a nossa fé representa frágil candeia, suscetível de apagar-se ao primeiro golpe de vento.

15
Fraternidade

*Nisto todos conhecerão que sois meus discípulos:
se vos amardes uns aos outros.*
Jesus (*João*, 13:35.)

Desde a vitória de Constantino, que descerrou ao mundo cristão as portas da hegemonia política, temos ensaiado diversas experiências para demonstrar na Terra a nossa condição de discípulos de Jesus.

Organizamos concílios célebres, formulando atrevidas conclusões acerca da natureza de Deus e da Alma, do Universo e da Vida.

Incentivamos guerras arrasadoras que implantaram a miséria e o terror naqueles que não podiam crer pelo diapasão da nossa fé.

Disputamos o sepulcro do Divino Mestre, brandindo a espada mortífera e ateando o fogo devorador.

Criamos comendas e cargos religiosos, distribuindo o veneno e manejando o punhal.

Acendemos fogueiras e erigimos cadafalsos, inventamos suplícios e construímos prisões para quantos discordassem dos nossos pontos de vista.

Estimulamos insurreições que operaram o embate de irmãos contra irmãos, em nome do Senhor que testemunhou na cruz o devotamento à Humanidade inteira.

Edificamos palácios e basílicas, famosos pela suntuosidade e beleza, pretendendo reverenciar-lhe a memória, esquecidos de que Ele, em verdade, não possuía uma pedra onde repousar a cabeça.

E, ainda hoje, alimentamos a separação e a discórdia, erguendo trincheiras de incompreensão e animosidade, uns contra os outros, nos variados setores da interpretação.

Entretanto, a palavra do Cristo é insofismável.

Não nos faremos titulares da Boa-Nova simplesmente através das atitudes exteriores...

Precisamos, sim, da cultura que aprimora a inteligência, da justiça que sustenta a ordem, do progresso material que enriquece o trabalho e de assembleias que favoreçam o estudo; no entanto, toda a movimentação humana, sem a luz do amor, pode perder-se nas sombras...

Seremos admitidos ao aprendizado do Evangelho, cultivando o Reino de Deus que começa na vida íntima.

Estendamos, assim, a fraternidade pura e simples, amparando-nos mutuamente... Fraternidade que trabalha e ajuda, compreende e perdoa, entre a humildade e o serviço que asseguram a vitória do bem. Atendamo-la, onde estivermos, recordando a palavra do Senhor que afirmou com clareza e segurança: — "Nisto todos conhecerão que sois meus discípulos, se vos amardes uns aos outros."

16
Não te perturbes

*E o mandamento que era para a vida,
achei eu que me era para a morte.*
Paulo (*Romanos*, 7:10.)

Se perguntássemos ao grão de trigo que opinião alimenta acerca do moinho, naturalmente responderia que dentro dele encontra a casa de tortura em que se aflige e sofre; no entanto, é de lá que ele se ausenta aprimorado para a glória do pão na subsistência do mundo.

Se indagássemos da madeira, com respeito ao serrote, informaria que nele identifica o algoz de todos os momentos, a dilacerar-lhe as entranhas; todavia, sob o patrocínio do suposto verdugo, faz-se delicada e útil para servir em atividades sempre mais nobres.

Se consultarmos a pedra, com alusão ao buril, certo esclarecerá que descobriu nele o detestável perseguidor de sua tranquilidade, a ferir-lhe, desapiedado, dia e noite; entretanto, é dos golpes dele que se eleva aos tesouros terrestres, aperfeiçoada e brilhante.

Assim, a alma. Assim, a luta.

Peçamos o parecer do homem, quanto à carne, e pronunciará talvez impropriedades mil. Ouçamo-lo sobre a dor e registaremos[4] velhos disparates verbais. Solicitemos-lhe que se externe com referência à dificuldade, e derramará fel e pranto.

Contudo, é imperioso reconhecer que do corpo disciplinar, do sofrimento purificador e do obstáculo asfixiante, o espírito ressurge sempre mais aformoseado, mais robusto e mais esclarecido para a imortalidade.

Não te perturbes, pois, diante da luta, e observa.

O que te parece derrota, muita vez é vitória. E o que se te afigura em favor de tua morte é contribuição para o teu engrandecimento na Vida Eterna.

---

[4] N.E.: Ver nota no capítulo 5.

17
Cristo e nós

*E disse-lhe o Senhor em visão: – Ananias!
E ele respondeu: – Eis-me aqui, Senhor!*
(*Atos*, 9:10.)

Os homens esperam por Jesus e Jesus espera igualmente pelos homens.

Ninguém acredite que o mundo se redima sem almas redimidas.

O Mestre, para estender a sublimidade do seu programa salvador, pede braços humanos que o realizem e intensifiquem. Começou o apostolado, buscando o concurso de Pedro e André, formando, em seguida, uma assembleia de doze companheiros para atacar o serviço da regeneração planetária.

E, desde o primeiro dia da Boa-Nova, convida, insiste e apela, junto das almas, para que se convertam em instrumentos de sua Divina Vontade, dando-nos a perceber que a redenção procede do Alto, mas não se concretizará entre as criaturas sem a colaboração ativa dos corações de boa vontade.

Ainda mesmo quando surge, pessoalmente, buscando alguém para a sua lavoura de luz, qual aconteceu na conversão de Paulo, o Mestre não dispensa a cooperação dos servidores encarnados. Depois de visitar o doutor de Tarso, diretamente, procura Ananias, enviando-o a socorrer o novo discípulo.

Por que razão Jesus se preocupou em acompanhar o recém-convertido, assistindo-o em pessoa? É que, se a Humanidade não pode iluminar-se e progredir sem o Cristo, o Cristo não dispensa os homens na obra de soerguimento e sublimação do mundo.

"Ide e pregai."

"Eis que vos mando."

"Resplandeça a vossa luz diante dos homens."

"A Seara é realmente grande, mas poucos são os ceifeiros."

Semelhantes afirmativas do Senhor provam a importância por Ele atribuída à contribuição humana.

Amemos e trabalhemos, purificando e servindo sempre.

Onde estiver um seguidor do Evangelho aí se encontra um mensageiro do Amigo Celestial para a obra incessante do bem.

Cristianismo significa Cristo e nós.

18
Não somente

Nem só de pão viverá o homem.
Jesus (*Mateus*, 4:4.)

Não somente agasalho que proteja o corpo, mas também o refúgio de conhecimentos superiores que fortaleçam a alma.

Não só a beleza da máscara fisionômica, mas igualmente a formosura e nobreza dos sentimentos.

Não apenas a eugenia que aprimora os músculos, mas também a educação que aperfeiçoa as maneiras.

Não somente a cirurgia que extirpa o defeito orgânico, mas igualmente o esforço próprio que anula o defeito íntimo.

Não só o domicílio confortável para a vida física, mas também a casa invisível dos princípios edificantes em que o espírito se faça útil, estimado e respeitável.

Não apenas os títulos honrosos que ilustram a personalidade transitória, mas igualmente as virtudes comprovadas, na luta objetiva, que enriqueçam a consciência eterna.

Não somente claridade para os olhos mortais, mas também luz divina para o entendimento imperecível.

Não só aspecto agradável, mas igualmente utilidade viva.

Não apenas flores, mas também frutos.

Não somente ensino continuado, mas igualmente demonstração ativa.

Não só teoria excelente, mas também prática santificante.

Não apenas nós, mas igualmente os outros.

Disse o Mestre: – "Nem só de pão viverá o homem."

Apliquemos o sublime conceito ao imenso campo do mundo.

Bom gosto, harmonia e dignidade na vida exterior constituem dever, mas não nos esqueçamos da pureza, da elevação e dos recursos sublimes da vida interior, com que nos dirigimos para a Eternidade.

19
Apascenta

Apascenta as minhas ovelhas.
Jesus (*João*, 21:17.)

Significativo é o apelo do Divino Pastor ao coração amoroso de Simão Pedro para que lhe continuasse o apostolado.

Observando na Humanidade o seu imenso rebanho, Jesus não recomenda medidas drásticas em favor da disciplina compulsória.

Nem gritos, nem xingamentos.

Nem cadeia, nem forca.

Nem chicote, nem vara.

Nem castigo, nem imposição.

Nem abandono aos infelizes, nem flagelação aos transviados.

Nem lamentação, nem desespero.

"Pedro, apascenta as minhas ovelhas!"

Isso equivale a dizer: – Irmão, sustenta os companheiros mais necessitados que tu mesmo.

Não te desanimes perante a rebeldia, nem condenes o erro, do qual a lição benéfica surgirá depois.

Ajuda ao próximo, ao invés de vergastá-lo.

Educa sempre.

Revela-te por trabalhador fiel.

Sê exigente para contigo mesmo e ampara os corações enfermiços e frágeis que te acompanham os passos.

Se plantares o bem, o tempo se incumbirá da germinação, do desenvolvimento, da florescência e da frutificação, no instante oportuno.

Não analises, destruindo.

O inexperiente de hoje pode ser o mentor de amanhã.

Alimenta a "boa parte" do teu irmão e segue para diante. A vida converterá o mal em detritos e o Senhor fará o resto.

20
Diferença

*Crês que há um só Deus; fazes bem. Também
os demônios o creem e estremecem.*
(*Tiago*, 2:19.)

A advertência do apóstolo é de essencial importância no aviso espiritual.

Esperar benefícios do Céu é atitude comum a todos.

Adorar o Senhor pode ser trabalho de justos e injustos.

Admitir a existência do Governo Divino é traço dominante de todas as criaturas.

Aceitar o Supremo Poder é próprio de bons e maus.

Tiago foi divinamente inspirado neste versículo, porque suas palavras definem a diferença entre crer em Deus e fazer-lhe a Sublime Vontade.

A inteligência é atributo de todos.

A cognição procede da experiência.

O ser vivo evolve sempre e quem evolve aprende e conhece.

A diferenciação entre o gênio do mal e o gênio do bem permanece na direção do conhecimento.

O demônio, como símbolo de maldade, executa os próprios desejos, muita vez desvairados e escuros.

O anjo identifica-se com os desígnios do Eterno e cumpre-os onde se encontra.

Recorda, pois, que não basta a escola religiosa a que te filias para que o problema da felicidade pessoal alcance a solução desejada.

Adorar o Senhor, esperar e crer n'Ele são atitudes características de toda a gente.

O único sinal que te revelará a condição mais nobre estará impresso na ação que desenvolveres na vida, a fim de executar-lhe os desígnios, porque, em verdade, não adianta muito ao aperfeiçoamento o ato de acreditar no bem que virá do Senhor, e sim a diligência em praticar o bem, hoje, aqui e agora, em seu nome.

21
Maioridade

[...] O menor é abençoado pelo maior.
Paulo (*Hebreus*, 7:7.)

Em todas as atividades da vida, há quem alcance a maioridade natural entre os seus parentes, companheiros ou contemporâneos.

Há quem se faz maior na experiência física, no conhecimento, na virtude ou na competência.

De modo geral, contudo, aquele que se vê guindado a qualquer nível de superioridade costuma valer-se da situação para esquecer seu débito para com o espírito comum.

Muitas vezes quem atinge a maioridade financeira torna-se avarento, quem encontra o destaque científico faz-se vaidoso e quem se vê na galeria do poder abraça o orgulho vão.

A Lei da Vida, porém, não recomenda o exclusivismo e a separatividade.

Segundo os princípios divinos, todo progresso legítimo se converte em bênçãos para a coletividade inteira.

A própria Natureza oferece lições sublimes nesse sentido.

Cresce a árvore para a frutificação.

Cresce a fonte para benefício do solo.

Se cresceste em experiência ou em elevação de qualquer espécie, lembra-te da comunhão fraternal com todos.

O Sol, com seus raios de luz, não desampara a furna barrenta e não desdenha o verme.

Desenvolvimento é poder.

Repara como empregas as vantagens de que a tua existência foi acrescentada. O Espírito Mais-Alto de quantos já se manifestaram na Terra aceitou o sacrifício supremo, a fim de auxiliar a todos, sem condições.

Não te esqueças de que, segundo o Estatuto Divino, "o menor é abençoado pelo maior".

22
A retribuição

*Pedro disse-lhe: E nós que deixamos tudo
e te seguimos, que receberemos?*
(*Mateus*, 19:27.)

A pergunta do apóstolo exprime a atitude de muitos corações nos templos religiosos.

Consagra-se o homem a determinado círculo de fé e clama, de imediato: – "que receberei?"

A resposta, porém, se derrama silenciosa, através da própria vida.

Que recebe o grão maduro, após a colheita?

O triturador que o ajuda a purificar-se.

Que prêmio se reserva à farinha alva e nobre?

O fermento que a transforma para a utilidade geral.

Que privilégio caracteriza o pão, depois do forno?

A graça de servir.

Não se formam cristãos para adornos vivos do mundo, e sim para a ação regeneradora e santificante da existência.

Outrora, os servidores da realeza humana recebiam o espólio dos vencidos e, com eles, se rodeavam de gratificações de natureza física, com as quais abreviavam a própria morte.

Em Cristo, contudo, o quadro é diverso.

Vencemos, em companhia d'Ele, para nos fazermos irmãos de quantos nos partilham a experiência, guardando a obrigação de ampará-los e ser-lhes úteis.

Simão Pedro, que desejou saber qual lhe seria a recompensa pela adesão à Boa-Nova, viu, de perto, a necessidade da renúncia. Quanto mais se lhe acendrou a fé, maiores testemunhos de amor à Humanidade lhe foram requeridos. Quanto mais conhecimento adquiriu, à mais ampla caridade foi constrangido, até o sacrifício extremo.

Se deixaste, pois, por devoção a Jesus, os laços que te prendiam às zonas inferiores da vida, recorda que, por felicidade tua, recebeste do Céu a honra de ajudar, a prerrogativa de entender e a glória de servir.

23
Ante o sublime

Não faças tu comum o que Deus purificou.
(Atos, 10:15.)

Existem expressões no Evangelho que, à maneira de flores a se salientarem num ramo divino, devem ser retiradas do conjunto para que nos deslumbremos ante o seu brilho e perfume peculiares.

A voz celeste, que se dirige a Simão Pedro, nos *Atos*, abrange horizontes muito mais vastos que o problema individual do apóstolo.

O homem comum está rodeado de glórias na Terra, entretanto, considera-se num campo de vulgaridades, incapaz de valorizar as riquezas que o cercam.

Cego diante do espetáculo soberbo da vida que lhe emoldura o desenvolvimento, tripudia sobre as preciosidades do mundo, sem meditar no paciente esforço dos séculos que a Sabedoria Infinita utilizou no aperfeiçoamento e na seleção dos valores que o rodeiam.

Quantos milênios terá exigido a formação da rocha?

Quantos ingredientes se harmonizam na elaboração de um simples raio de sol?

Quantos óbices foram vencidos para que a flor se materializasse?

Quanto esforço custou a domesticação das árvores e dos animais?

Quantos séculos terá empregado a Paciência do Céu na estruturação complexa da máquina orgânica em que o Espírito encarnado se manifesta?

A razão é luz gradativa, diante do sublime.

Não te esqueças, meu irmão, de que o Senhor te situou a experiência terrestre num verdadeiro paraíso, onde a semente minúscula retribui na média do infinito por um e onde águas e flores, solo e atmosfera te convidam a produzir, em favor da multiplicação dos Tesouros Eternos.

Cada dia, louva o Senhor que te agraciou com as oportunidades valiosas e com os dons divinos...

Pensa, estuda, trabalha e serve.

Não suponhas comum o que Deus purificou e engrandeceu.

24
Pelas obras

*E que os tenhais em grande estima e
amor por causa da sua obra.*
Paulo (*I Tessalonicenses*, 5:13.)

Esta passagem de Paulo, na *Primeira epístola aos tessalonicenses*, é singularmente expressiva para a nossa luta cotidiana.

Todos experimentamos a tendência de consagrar a maior estima apenas àqueles que leiam a vida pela cartilha dos nossos pontos de vista. Nosso devotamento é sempre caloroso para quantos nos esposem os modos de ver, os hábitos enraizados e os princípios sociais; todavia, nem sempre nossas interpretações são as melhores, nossos costumes os mais nobres e nossas diretrizes as mais elogiáveis.

Daí procede o impositivo de desintegração da concha do nosso egoísmo para dedicarmos nossa amizade e respeito aos companheiros, não pela servidão afetiva com que se liguem ao nosso roteiro pessoal, mas pela fidelidade com que se norteiam em favor do bem comum.

Se amamos alguém tão só pela beleza física, é provável encontremos amanhã o objeto de nossa afeição a caminho do monturo.

Se estimamos em algum amigo apenas a oratória brilhante, é possível esteja ele em aflitiva mudez, dentro em breve.

Se nos consagramos a determinada criatura só porque nos obedeça cegamente, é provável estejamos provocando a queda de outros nos mesmos erros em que temos incidido tantas vezes.

É imprescindível aperfeiçoar nosso modo de ver e de sentir, a fim de avançarmos no rumo da vida superior.

Busquemos as criaturas, acima de tudo, pelas obras com que beneficiam o tempo e o espaço em que nos movimentamos, porque, um dia, compreenderemos que o melhor raramente é aquele que concorda conosco, mas é sempre aquele que concorda com o Senhor, colaborando com Ele, na melhoria da vida, dentro e fora de nós.

25
Nos dons do Cristo

Mas a graça foi dada a cada um de nós segundo a medida do dom do Cristo.
Paulo (*Efésios*, 4:7.)

A alma humana, nestes vinte séculos de Cristianismo, é uma consciência esclarecida pela razão, em plena batalha pela conquista dos valores iluminativos.

O campo de luta permanece situado em nossa vida íntima.

Animalidade *versus* espiritualidade.

Milênios de sombras cristalizadas contra a luz nascente.

E o homem, pouco a pouco, entre as alternativas de vida e morte, renascimento no corpo e retorno à atividade espiritual, vai plasmando em si mesmo as qualidades sublimes, indispensáveis à ascensão, e que, no fundo, constituem as virtudes do Cristo, progressivas em cada um de nós.

Daí a razão de a graça divina ocupar a existência humana ou crescer dentro dela, à medida que os dons de Jesus, incipientes, reduzidos, regulares ou enormes nela se possam expressar.

Onde estiveres, seja o que fores, procura aclimatar as qualidades cristãs em ti mesmo, com a vigilante atenção dispensada à cultura das plantas preciosas, ao pé do lar.

Quanto à Terra, todos somos suscetíveis de produzir para o bem ou para o mal.

Ofereçamos ao Divino Cultivador o vaso do coração, recordando que, se o "solo consciente" do nosso espírito aceitar as sementes do Celeste Pomicultor, cada migalha de nossa boa vontade será convertida em canal milagroso para a exteriorização do bem, com a multiplicação permanente das graças do Senhor, ao redor de nós.

Observa a tua "boa parte" e lembra que podes dilatá-la ao infinito.

Não intentes destruir milênios de treva de um momento para outro.

Vale-te do esforço de autoaperfeiçoamento cada dia.

Persiste em aprender com o Mestre do Amor e da Renúncia.

Não nos esqueçamos de que a Graça Divina ocupará o nosso espaço individual, na medida de nosso crescimento real nos dons do Cristo.

26
Obreiro sem fé

[...] e eu te mostrarei a minha fé pelas minhas obras.
(*Tiago*, 2:18.)

Em todos os lugares, vemos o obreiro sem fé, espalhando inquietação e desânimo.

Devota-se a determinado empreendimento de caridade e abandona-o, de início, murmurando: – "Para quê? O mundo não presta."

Compromete-se em deveres comuns e, sem qualquer mostra de persistência, se faz demissionário de obrigações edificantes, alegando: – "Não nasci para o servilismo desonroso."

Aproxima-se da fé religiosa, para desfrutar-lhe os benefícios, entretanto, logo após, relega-a ao esquecimento, asseverando: – "Tudo isto é mentira e complicação."

Se convidado a posição de evidência, repete o velho estribilho: – "Não mereço! sou indigno!..."

Se trazido a testemunhos de humildade, afirma sob manifesta revolta: – "Quem me ofende assim?"

E transita de situação em situação, entre a lamúria e a indisciplina, com largo tempo para sentir-se perseguido e desconsiderado.

Em toda a parte, é o trabalhador que não termina o serviço por que se responsabilizou ou o aluno que estuda continuadamente, sem jamais aprender a lição.

Não te concentres na fé sem obras, que constitui embriaguez perigosa da alma, todavia, não te consagres à ação, sem fé no Poder Divino e em teu próprio esforço.

O servidor que confia na Lei da Vida reconhece que todos os patrimônios e glórias do Universo pertencem a Deus. Em vista disso, passa no mundo, sob a luz do entusiasmo e da ação no bem incessante, completando as pequenas e grandes tarefas que lhe competem, sem enamorar-se de si mesmo na vaidade e sem escravizar-se às criações de que terá sido venturoso instrumento.

Revelemos a nossa fé, através das nossas obras na felicidade comum, e o Senhor conferirá à nossa vida o indefinível acréscimo de amor e sabedoria, de beleza e poder.

27
Destruição e miséria

Em seus caminhos há destruição e miséria.
Paulo (*Romanos*, 3:16.)

Quando o discípulo se distancia da confiança no Mestre e se esquiva à ação nas linhas do exemplo que o seu divino apostolado nos legou, preferindo a senda vasta de infidelidade à própria consciência, cava, sem perceber, largos abismos de destruição e miséria por onde passa.

Se cristaliza a mente na ociosidade, elimina o bom ânimo no coração dos trabalhadores que o cercam e estrangula as suas próprias oportunidades de servir.

Se desce ao desfiladeiro da negação, destrói as esperanças tenras no sentimento de quantos se abeiram da fé e tece vasta rede de sombras para si mesmo.

Se transfere a alma para a residência escura do vício, sufoca as virtudes nascentes nos companheiros de jornada e adquire débitos pesados para o futuro.

Se asila o desespero, apaga o tênue clarão da confiança na alma do próximo e chora inutilmente, sob a tormenta de lágrimas destrutivas.

Se busca refúgio na casa fria da tristeza, asfixia o otimismo naqueles que o acompanham e perde a riqueza do tempo, em lamentações improfícuas.

A determinação divina para o aprendiz do Evangelho é seguir adiante, ajudando, compreendendo e servindo a todos.

Estacionar é imobilizar os outros e congelar-se.

Revoltar-se é chicotear os irmãos e ferir-se.

Fugir ao bem é desorientar os semelhantes e aniquilar-se.

Desventurados aqueles que não seguem o Mestre que encontraram, porque conhecer Jesus Cristo em espírito e viver longe d'Ele será espalhar a destruição, em torno de nossos passos, e conservar a miséria dentro de nós mesmos.

28
Alguma coisa

Não necessitam de médico os que estão sãos, mas sim os que estão enfermos.
Jesus (*Lucas*, 5:31.)

Quem sabe ler, não se esqueça de amparar o que ainda não se alfabetizou.

Quem dispõe de palavra esclarecida, ajude ao companheiro, ensinando-lhe a ciência da frase correta e expressiva.

Quem desfruta o equilíbrio orgânico não despreze a possibilidade de auxiliar o doente.

Quem conseguiu acender alguma luz de fé no próprio espírito, suporte com paciência o infeliz que ainda não se abriu à mínima noção de responsabilidade perante o Senhor, auxiliando-o a desvencilhar-se das trevas.

Quem possua recursos para trabalhar, não olvide o irmão menos ajustado ao serviço, conduzindo-o, sempre que possível, à atividade digna.

Quem estime a prática da caridade, compadeça-se das almas endurecidas, beneficiando-as com as vibrações da prece.

Quem já esteja entesourando a humildade não se afaste do orgulhoso, conferindo-lhe, com o exemplo, os elementos indispensáveis ao reajuste.

Quem seja detentor da bondade não recuse assistência aos maus, de vez que a maldade resulta invariavelmente da revolta ou da ignorância.

Quem estiver em companhia da paz, ajude aos desesperados.

Quem guarde alegria, divida a graça do contentamento com os tristes.

Asseverou o Senhor que os sãos não precisam de médico, mas, sim, os enfermos.

Lembra-te dos que transitam no mundo entre dificuldades maiores que as tuas.

A vida não reclama o teu sacrifício integral, em favor dos outros, mas, a benefício de ti mesmo, não desdenhes fazer alguma coisa na extensão da felicidade comum.

29
Sirvamos

*Servindo de boa vontade, como sendo
ao Senhor, e não aos homens.*
Paulo (*Efésios*, 6:7.)

Se legislas, mas não aplicas a Lei, segundo os desígnios do Senhor, que considera as necessidades de todos, caminhas entre perigosos abismos, cavados por tuas criações indébitas, sem recolheres os benefícios de tua gloriosa missão na ordem coletiva.

Se administras, mas não observas os interesses do Senhor, na estrada em que te movimentas na posição de mordomo da vida, sofres a ameaça de soterrar o coração em caprichos escuros, sem desfrutares as bênçãos da função que exerces no ministério público.

Se julgas os semelhantes e não te inspiras no Senhor, que conhece todas as particularidades e circunstâncias dos processos em trânsito nos tribunais, vives na probabilidade de cair, espetacularmente, na mesma senda a que se acolhem quantos precipitadamente aprecies, sem retirares, para teu proveito, os dons da sabedoria que a Justiça conserva em tua inteligência.

Se trabalhas na cor ou no mármore, no verbo ou na melodia, sem traduzires em tuas obras a correção, o amor e a luz do Senhor, guardas a tremenda responsabilidade de quem estabelece imagens delituosas para consumo da mente popular, perdendo, em vão, a glória que te enriquece os sentimentos.

Se foste chamado à obediência, na estruturação de utilidades para o mundo, sem o espírito de compreensão com o Senhor, que ajudou as criaturas, amando-as até o sacrifício pessoal, vives entre os fantasmas da indisciplina e do desânimo, sem fixares em ti mesmo a claridade divina do talento que repousa em tuas mãos.

Amigo, a passagem pela Terra é aprendizado sublime.

O trabalho é sempre o instrutor do aperfeiçoamento.

Sirvamos sem prender-nos.

Em todos os lugares do vale humano, há recursos de ação e aprimoramento para quem deseja seguir adiante. Sirvamos, em qualquer parte, de boa vontade, como sendo ao Senhor e não às criaturas, e o Senhor nos conduzirá para os cimos da vida.

30
Educa

Não sabeis vós que sois o templo de Deus e que o Espírito de Deus habita em vós?
Paulo (*I Coríntios*, 3:16.)

Na semente minúscula reside o germe do tronco benfeitor.

No coração da serra, há melodias da fonte.

No bloco de pedra, há obras-primas de estatuária.

Entretanto, o pomar reclama esforço ativo.

A corrente cristalina pede aquedutos para transportar-se incontaminada.

A joia de escultura pede milagres do buril.

Também o espírito traz consigo o *gene* da Divindade.

Deus está em nós, quanto estamos em Deus.

Mas, para que a luz divina se destaque da treva humana, é necessário que os processos educativos da vida nos trabalhem no empedrado caminho dos milênios.

Somente o coração enobrecido no grande entendimento pode vazar o heroísmo santificante.

Apenas o cérebro cultivado pode produzir iluminadas formas de pensamento.

Só a grandeza espiritual consegue gerar a palavra equilibrada, o verbo sublime e a voz balsamizante.

Interpretemos a dor e o trabalho por artistas celestes de nosso acrisolamento.

Educa e transformarás a irracionalidade em inteligência, a inteligência em Humanidade e a Humanidade em angelitude.

Educa e edificarás o paraíso na Terra.

Se sabemos que o Senhor habita em nós, aperfeiçoemos a nossa vida, a fim de manifestá-lo.

31
Lavradores

O lavrador que trabalha deve ser o primeiro a gozar dos frutos.
Paulo (*II Timóteo*, 2:6.)

Há lavradores de toda classe.

Existem aqueles que compram o campo e exploram-no, através de rendeiros suarentos, sem nunca tocarem o solo com as próprias mãos.

Encontramos em muitos lugares os que relegam a enxada à ferrugem, cruzando os braços e imputando à chuva ou ao Sol o fracasso da sementeira que não vigiam.

Somos defrontados por muitos que fiscalizam a plantação dos vizinhos, sem qualquer atenção para com os trabalhos que lhes dizem respeito.

Temos diversos que falam despropositadamente com referência a inutilidades mil, enquanto vermes destruidores aniquilam as flores frágeis.

Vemos numerosos acusando a terra como incapaz de qualquer produção, mas negando à gleba que lhes foi confiada a bênção da gota d'água e o socorro do adubo.

Observamos muitos que se dizem possuídos pela dor de cabeça, pelo resfriado ou pela indisposição e perdem a sublime oportunidade de semear.

A Natureza, no entanto, retribui a todos eles com o desengano, a dificuldade, a negação e o desapontamento.

Mas o agricultor que realmente trabalha, cedo recolhe a graça do celeiro farto.

E assim ocorre na lavoura do espírito.

Ninguém logrará o resultado excelente, sem esforçar-se, conferindo à obra do bem o melhor de si mesmo.

Paulo de Tarso, escrevendo numa época de senhores e escravos, de superficialidade e favoritismo, não nos diz que o semeador distinguido por César ou mais endinheirado seria o legítimo detentor da colheita, mas asseverou, com indiscutível acerto, que o lavrador dedicado às próprias obrigações será o primeiro a beneficiar-se com as vantagens do fruto.

32

A boa parte

Maria escolheu a boa parte, que não lhe será tirada.
Jesus (*Lucas*, 10:42.)

Não te esqueças da "boa parte" que reside em todas as criaturas e em todas as coisas.

O fogo destrói, mas transporta consigo o elemento purificador.

A pedra é contundente, mas consolida a segurança.

A ventania açoita, impiedosa, todavia, ajuda a renovação.

A enxurrada é imundície, entretanto, costuma carrear o adubo indispensável à sementeira vitoriosa.

Assim também há criaturas que, em se revelando negativas em determinados setores da luta humana, são extremamente valiosas em outros.

A apreciação unilateral é sempre ruinosa.

A imperfeição completa, tanto quanto a perfeição integral, não existem no plano em que evolutimos.

O criminoso, acusado por toda a gente, amanhã pode ser o enfermeiro que te estende o copo d'água.

O companheiro, no qual descobres agora uma faixa de trevas, pode ser depois o irmão sublimado que te convida ao bom exemplo.

A tempestade da hora em que vivemos é, muitas vezes, a fonte do bem-estar das horas que vamos viver.

Busquemos o lado melhor das situações, dos acontecimentos e das pessoas.

"Maria escolheu a boa parte, que não lhe será tirada" – disse-nos o Senhor.

Assimilemos a essência da divina lição.

Quem procura a "boa parte", e nela se detém, recolhe no campo da vida o tesouro espiritual que jamais lhe será roubado.

33
Erguer e ajudar

E ele, dando-lhe a mão [...], a levantou.
(*Atos*, 9:41.)

Muito significativa a lição dos *Atos*, quando Pedro restaura a irmã Dorcas para a vida.

Não se contenta o apóstolo em pronunciar palavras lindas aos seus ouvidos, renovando-lhe as forças gerais.

Dá-lhe as mãos para que se levante.

O ensinamento é dos mais simbólicos.

Observamos muitos companheiros a se reerguerem para o conhecimento, para a alegria e para a virtude, banhados pela divina claridade do Mestre, e que podem levantar milhares de criaturas para a Esfera Superior.

Para isso, porém, não bastará a predicação pura e simples.

O sermão é, realmente, um apelo sublime, do qual não prescindiu o próprio Cristo, mas não podemos esquecer que o Celeste Amigo, se doutrinou no monte, igualmente no monte multiplicou os pães para o povo esfaimado, restabelecendo-lhe o ânimo.

Nós, os que nos achávamos mortos na ignorância, e que hoje, por acréscimo da Misericórdia Infinita, já podemos desfrutar algumas bênçãos de luz, precisamos estender o serviço de socorro aos demais.

Não nos desincumbiremos, porém, da tarefa salvacionista, simplesmente pronunciando alguns discursos admiráveis.

É imprescindível usar nossas mãos nas obras do bem.

Esforço dos braços significa atividade pessoal.

Sem o empenho de nossas energias, na construção do Reino Espiritual com o Cristo, na Terra, debalde alinharemos observações excelentes em torno das preciosidades da Boa-Nova ou das necessidades da redenção humana.

Encontrando o nosso irmão, caído na estrada, façamos o possível por despertá-lo com os recursos do verbo transformador, mas não olvidemos que, para trazê-lo de novo à vida construtiva, será indispensável, segundo a inesquecível lição de Pedro, estender-lhe fraternalmente as nossas mãos.

34
Guardemos o cuidado

[...] mas nada é puro para os contaminados e infiéis.
PAULO (*Tito*, 1:15.)

O homem enxerga sempre, através da visão interior.

Com as cores que usa por dentro, julga os aspectos de fora.

Pelo que sente, examina os sentimentos alheios.

Na conduta dos outros, supõe encontrar os meios e fins das ações que lhe são peculiares.

Daí, o imperativo de grande vigilância para que a nossa consciência não se contamine pelo mal.

Quando a sombra vagueia em nossa mente, não vislumbramos senão sombras em toda a parte.

Junto das manifestações do amor mais puro, imaginamos alucinações carnais.

Se encontramos um companheiro trajado com louvável apuro, pensamos em vaidade.

Ante o amigo chamado à carreira pública, mentalizamos a tirania política.

Se o vizinho sabe economizar com perfeito aproveitamento da oportunidade, fixamo-lo com desconfiança e costumamos tecer longas reflexões em torno de apropriações indébitas.

Quando ouvimos um amigo na defesa justa, usando a energia que lhe compete, relegamo-lo, de imediato, à categoria dos intratáveis.

Quando a treva se estende, na intimidade de nossa vida, deploráveis alterações nos atingem os pensamentos.

Virtudes, nessas circunstâncias, jamais são vistas.

Os males, contudo, sobram sempre.

Os mais largos gestos de bênção recebem lastimáveis interpretações.

Guardemos cuidado toda vez que formos visitados pela inveja, pelo ciúme, pela suspeita ou pela maledicência.

Casos intrincados existem nos quais o silêncio é o remédio bendito e eficaz, porque, sem dúvida, cada espírito observa o caminho ou o caminheiro, segundo a visão clara ou escura de que dispõe.

35
Estendamos o bem

Não te deixes vencer pelo mal, mas vence o mal com o bem.
PAULO (*Romanos*, 12:21.)

Repara que, em plena casa da Natureza, todos os elementos, em face do mal, oferecem o melhor que possuem para o reajustamento da harmonia e para a vitória do bem.

Quando o temporal parece haver destruído toda a paisagem, congregam-se as forças divinas da vida para a obra do refazimento.

O Sol envia luz sobre o lamaçal, curando as chagas do chão.

O vento acaricia o arvoredo e enxuga-lhe os ramos.

O cântico das aves substitui a voz do trovão.

A planície recebe a enxurrada, sem revoltar-se, e converte-a em adubo precioso.

O ar que suporta o peso das nuvens e o choque da faísca destruidora torna à leveza e à suavidade.

A árvore de frondes quebradas ou feridas regenera-se, em silêncio, a fim de produzir novas flores e novos frutos.

A terra, nossa mãe comum, sofre a chuva de granizos e o banho de lodo, periodicamente, mas nem por isso deixa de engrandecer o bem cada vez mais.

Por que conservaremos, por nossa vez, o fel e o azedume do mal, na intimidade do coração?

Aprendamos a receber a visita da adversidade, educando-lhe as energias para proveito da vida.

A ignorância é apenas uma grande noite que cederá lugar ao sol da sabedoria.

Usa o tesouro de teu amor, em todas as direções, e estendamos o bem por toda a parte.

A fonte, quando tocada de lama, jamais se dá por vencida. Acolhe os detritos no próprio seio e, continuando a fluir, transforma-os em bênçãos, no curso de suas águas que prosseguem correndo, com brandura e humildade, para benefício de todos.

36
Afirmação esclarecedora

E não quereis vir a mim para terdes vida.
Jesus (*João*, 5:40.)

Quantos procuram a sublimação da individualidade precisam entender o valor supremo da vontade no aprimoramento próprio.

Os templos e as escolas do Cristianismo permanecem repletos de aprendizes que vislumbram os poderes divinos de Jesus e lhe reconhecem a magnanimidade, caminhando, porém, ao sabor de vacilações cruéis.

Creem e descreem, ajudam e desajudam, organizam e perturbam, iluminam-se na fé e ensombram-se na desconfiança...

É que esperam a proteção do Senhor para desfrutarem o contentamento imediato no corpo, mas não querem ir até Ele para se apossarem da Vida Eterna.

Pedem o milagre das mãos do Cristo, mas não lhe aceitam as diretrizes. Solicitam-lhe a presença consoladora, entretanto, não lhe acompanham os passos.

Pretendem ouvi-lo, à beira do lago sereno, em preleções de esperança e conforto, todavia, negam-se a partilhar com Ele o serviço da estrada, através do sacrifício pela vitória do bem. Cortejam-no em Jerusalém, adornada de flores, mas fogem aos testemunhos de entendimento e bondade, à frente da multidão desvairada e enferma. Suplicam-lhe as bênçãos da ressurreição, no entanto, odeiam a cruz de espinhos que regenera e santifica.

Podem ir na vanguarda edificante, mas não querem.

Clamam por luz divina, entretanto, receiam abandonar as sombras.

Suspiram pela melhoria das condições em que se agitam, todavia, detestam a própria renovação.

Vemos, pois, que é fácil comer o pão multiplicado pelo infinito amor do Mestre Divino ou regozijar-se alguém com a sua influência curativa, mas, para alcançar a Vida Abundante de que Ele se fez o embaixador sublime, não basta a faculdade de poder e o ato de crer, mas também a vontade perseverante de quem aprendeu a trabalhar e servir, aperfeiçoar e querer.

37
Na obra regenerativa

Irmãos, se algum homem chegar a ser surpreendido nalguma ofensa, vós, que sois espirituais, orientai-o com espírito de mansidão, velando por vós mesmos para que não sejais igualmente tentados.
Paulo (*Gálatas*, 6:1.)

Se tentamos orientar o irmão perdido nos cipoais do erro, com aguilhões de cólera, nada mais fazemos que despertar-lhe a ira contra nós mesmos.

Se lhe impusermos golpes, revidará com outros tantos.

Se lhe destacamos as falhas, poderá salientar os nossos gestos menos felizes.

Se opinamos para que sofra o mesmo mal com que feriu a outrem, apenas aumentamos a percentagem do mal, em derredor de nós.

Se lhe aplaudimos a conduta errônea, aprovamos o crime.

Se permanecemos indiferentes, sustentamos a perturbação.

Mas se tratarmos o erro do semelhante, como quem cogita de afastar a enfermidade de um amigo doente, estamos, na realidade, concretizando a obra regenerativa.

Nas horas difíceis, em que vemos um companheiro despenhar-se nas sombras interiores, não olvidemos que, para auxiliá-lo, é tão desaconselhável a condenação quanto o elogio.

Se não é justo atirar petróleo às chamas, com o propósito de apagar a fogueira, ninguém cura chagas com a projeção de perfume.

Sejamos humanos, antes de tudo.

Abeiremo-nos do companheiro infeliz, com os valores da compreensão e da fraternidade.

Ninguém perderá, exercendo o respeito que devemos a todas as criaturas e a todas as coisas.

Situemo-nos na posição do acusado e reflitamos se, nas condições dele, teríamos resistido às sugestões do mal. Relacionemos as nossas vantagens e os prejuízos do próximo, com imparcialidade e boa intenção.

Toda vez que assim procedermos, o quadro se modifica nos mínimos aspectos.

De outro modo será sempre fácil zurzir e condenar, para cairmos, com certeza, nos mesmos delitos, quando formos, por nossa vez, visitados pela tentação.

38
Se soubéssemos

Pai, perdoa-lhes, porque não sabem o que fazem.
Jesus (*Lucas*, 23:34.)

Se o homicida conhecesse, de antemão, o tributo de dor que a vida lhe cobrará, no reajuste do seu destino, preferiria não ter braços para desferir qualquer golpe.

Se o caluniador pudesse eliminar a crosta de sombra que lhe enlouquece a visão, observando o sofrimento que o espera no acerto de contas com a verdade, paralisaria as cordas vocais ou imobilizaria a pena, a fim de não se confiar à acusação descabida.

Se o desertor do bem conseguisse enxergar as perigosas ciladas com que as trevas lhe furtarão o contentamento de viver, deter-se-ia feliz, sob as algemas santificantes dos mais pesados deveres.

Se o ingrato percebesse o fel de amargura que lhe invadirá, mais tarde, o coração, não perpetraria o delito da indiferença.

Se o egoísta contemplasse a solidão infernal que o aguarda, nunca se apartaria da prática infatigável da fraternidade e da cooperação.

Se o glutão enxergasse os desequilíbrios para os quais encaminha o próprio corpo, apressando a marcha para a morte, renderia culto invariável à frugalidade e à harmonia.

Se soubéssemos quão terrível é o resultado de nosso desrespeito às Leis Divinas, jamais nos afastaríamos do caminho reto.

Perdoa, pois, a quem te fere e calunia...

Em verdade, quantos se rendem às sugestões perturbadoras do mal, não sabem o que fazem.

39
Fé inoperante

*Assim também a fé, se não tiver as
obras, é morta em si mesma.*
(*Tiago*, 2:17.)

A fé inoperante é problema credor da melhor atenção, em todos os tempos, a fim de que os discípulos do Evangelho compreendam, com clareza, que o ideal mais nobre, sem trabalho que o materialize, a benefício de todos, será sempre uma soberba paisagem improdutiva.

Que diremos de um motor precioso do qual ninguém se utiliza? de uma fonte que não se movimente para fertilizar o campo? de uma luz que não se irradie?

Confiaremos com segurança em determinada semente, todavia, se não a plantamos, em que redundará nossa expectativa, senão em simples inutilidade? Sustentaremos absoluta esperança nas obras que a tora de madeira nos fornecerá, mas, se não nos dispomos a usar o serrote e a plaina, certo a matéria-prima repousará, indefinidamente, a caminho da desintegração.

A crença religiosa é o meio.

O apostolado é o fim.

A celeste confiança ilumina a inteligência para que a ação benéfica se estenda, improvisando, por toda a parte, bênçãos de paz e alegria, engrandecimento e sublimação.

Quem puder receber uma gota de revelação espiritual, no imo do ser, demonstrando o amadurecimento preciso para a vida superior, procure, de imediato, o posto de serviço que lhe compete, em favor do progresso comum.

A fé, na essência, é aquele embrião de mostarda do ensinamento de Jesus que, em pleno crescimento, através da elevação pelo trabalho incessante, se converte no Reino Divino, onde a alma do crente passa a viver.

Guardar, pois, o êxtase religioso no coração, sem qualquer atividade nas obras de desenvolvimento da sabedoria e do amor, consubstanciados no serviço da caridade e da educação, será conservar na terra viva do sentimento um ídolo morto, sepultado entre as flores inúteis das promessas brilhantes.

40
Ante o objetivo

Para ver se de algum modo posso chegar à ressurreição.
PAULO (*Filipenses*, 3:11.)

Alcançaremos o alvo que mantemos em mira:

O avarento sonha com tesouros amoedados e chega ao cofre-forte.

O malfeitor comumente ocupa largo tempo, planificando a ação perturbadora, e comete o delito.

O político hábil anseia por autoridade e atinge alto posto no domínio terrestre.

A mulher desprevenida, que concentra as ideias no desperdício das emoções, penetra o campo das aventuras inquietantes.

E cada meta a que nos propomos tem o preço respectivo.

O usurário, para amealhar o dinheiro, quase sempre perde a paz.

O delinquente, para efetuar a falta que delineia, avilta o nome.

O oportunista, para conseguir o lugar de mando, muitas vezes desfigura o caráter.

A mulher desajuizada, para alcançar fantasiosos prazeres, abdica, habitualmente, o direito de ser feliz.

Se impostos tão pesados são exigidos na Terra aos que perseguem resultados puramente inferiores, que tributos pagará o espírito que se candidata à glória na vida eterna?

O Mestre na cruz é a resposta para todos os que procuram a sublimidade da ressurreição.

Contemplando esse alvo, soube Paulo buscá-lo, através de incompreensões, açoites, aflições e pedradas, servindo constantemente, em nome do Senhor.

Se desejas, por tua vez, chegar ao mesmo destino, centraliza as aspirações no objetivo santificante e segue, com valoroso esforço, na conquista do eterno prêmio.

41
Na senda escabrosa

Nunca te deixarei, nem te desampararei.
Paulo (*Hebreus*, 13:5.)

A palavra do Senhor não se reporta somente à sustentação da vida física, na subida pedregosa da ascensão.

Muito mais que de pão do corpo, necessitamos de pão do espírito.

Se as células do campo fisiológico sofrem fome e reclamam a sopa comum, as necessidades e desejos, impulsos e emoções da alma provocam, por vezes, aflições desmedidas, exigindo mais ampla alimentação espiritual.

Há momentos de profunda exaustão, em nossas reservas mais íntimas.

As energias parecem esgotadas e as esperanças se retraem apáticas. Instala-se a sombra, dentro de nós, como se espessa noite nos envolvesse.

E qual acontece à Natureza, sob o manto noturno, embora guardemos fontes de entendimento e flores de boa vontade, na vasta extensão do nosso país interior, tudo permanece velado pelo nevoeiro de nossas inquietações.

O Todo-Misericordioso, contudo, ainda aí, não nos deixa completamente relegados à treva de nossas indecisões e desapontamentos. Assim como faz brilhar as estrelas fulgurantes no alto, desvelando os caminhos constelados do firmamento ao viajor perdido no mundo, acende, no céu de nossos ideais, convicções novas e aspirações mais elevadas, a fim de que nosso espírito não se perca na viagem para a vida superior.

"Nunca te deixarei, nem te desampararei" – promete a Divina Bondade.

Nem solidão, nem abandono.

A Providência Celestial prossegue velando...

Mantenhamos, pois, a confortadora certeza de que toda tempestade é seguida pela atmosfera tranquila e de que não existe noite sem alvorecer.

42
Por um pouco

*Escolhendo antes ser maltratado com o povo de Deus,
do que por um pouco de tempo ter o gozo do pecado.*
Paulo (*Hebreus*, 11:25.)

Nesta passagem refere-se Paulo à atitude de Moisés, abstendo-se de gozar por um pouco de tempo das suntuosidades da casa do Faraó, a fim de consagrar-se à libertação dos companheiros cativos, criando imagem sublime para definir a posição do espírito encarnado na Terra.

"Por um pouco", o administrador dirige os interesses do povo.

"Por um pouco", o servidor obedece na subalternidade.

"Por um pouco", o usurário retém o dinheiro.

"Por um pouco", o infeliz padece privações.

Ah! se o homem reparasse a brevidade dos dias de que dispõe na Terra! se visse a exiguidade dos recursos com que pode contar no vaso de carne em que se movimenta!...

Certamente, semelhante percepção, diante da eternidade, dar-lhe-ia novo conceito da bendita oportunidade, preciosa e rápida, que lhe foi concedida no mundo.

Tudo favorece ou aflige a criatura terrestre, simplesmente por um pouco de tempo.

Muita gente, contudo, vale-se dessa pequenina fração de horas para complicar-se por muitos anos.

É indispensável fixar o cérebro e o coração no exemplo de quantos souberam glorificar a romagem apressada no caminho comum.

Moisés não se deteve a gozar, "por um pouco", no clima faraônico, a fim de deixar-nos a legislação justiceira.

Jesus não se abalançou a disputar, nem mesmo "por um pouco", em face da crueldade de quantos o perseguiam, de modo a ensinar-nos o segredo divino da Cruz com Ressurreição Eterna.

Paulo não se animou a descansar "por um pouco", depois de encontrar o Mestre às portas de Damasco, de maneira a legar-nos seu exemplo de trabalho e fé viva.

Meu amigo, onde estiveres, lembra-te de que aí permaneces "por um pouco" de tempo. Modera-te na alegria e conforma-te na tristeza, trabalhando sem cessar, na extensão do bem, porque é na demonstração do "pouco" que caminharás para o "muito" de felicidade ou de sofrimento.

43
Linguagem

Linguagem sã e irrepreensível para que o adversário se envergonhe, não tendo nenhum mal que dizer de nós.
Paulo (*Tito*, 2:8.)

Através da linguagem, o homem ajuda-se ou se desajuda.

Ainda mesmo que o nosso íntimo permaneça nevoado de problemas, não é aconselhável que a nossa palavra se faça turva ou desequilibrada para os outros.

Cada qual tem o seu enigma, a sua necessidade e a sua dor e não é justo aumentar as aflições do vizinho com a carga de nossas inquietações.

A exteriorização da queixa desencoraja, o verbo da aspereza vergasta, a observação do maldizente confunde...

Pela nossa manifestação malconduzida para com os erros dos outros, afastamos a verdade de nós.

Pela nossa expressão verbalista menos enobrecida, repelimos a bênção do amor que nos encheria do contentamento de viver.

Tenhamos a precisa coragem de eliminar, por nós mesmos, os raios de nossos sentimentos e desejos descontrolados.

A palavra é canal do "eu".

Pela válvula da língua, nossas paixões explodem ou nossas virtudes se estendem.

Cada vez que arrojamos para fora de nós o vocabulário que nos é próprio, emitimos forças que destroem ou edificam, que solapam ou restauram, que ferem ou balsamizam.

Linguagem, a nosso entender, se constitui de três elementos essenciais – expressão, maneira e voz.

Se não aclaramos a frase, se não apuramos o modo e se não educamos a voz, de acordo com as situações, somos suscetíveis de perder as nossas melhores oportunidades de melhoria, entendimento e elevação.

Paulo de Tarso fornece a receita adequada aos aprendizes do Evangelho.

Nem linguagem doce demais, nem amarga em excesso. Nem branda em demasia, afugentando a confiança, nem áspera ou contundente, quebrando a simpatia, mas sim "linguagem sã e irrepreensível para que o adversário se envergonhe, não tendo nenhum mal que dizer de nós".

44
Tenhamos fé

[...] vou preparar-vos lugar.
Jesus (*João,* 14:2.)

Sabia o Mestre que, até a construção do Reino Divino na Terra, quantos o acompanhassem viveriam na condição de desajustados, trabalhando no progresso de todas as criaturas, todavia "sem lugar" adequado aos sublimes ideais que entesouram.

Efetivamente, o cristão leal, em toda a parte, raramente recebe o respeito que lhe é devido:

Por destoar, quase sempre, da coletividade, ainda não completamente cristianizada, sofre a descaridosa opinião de muitos.

Se exercita a humildade, é tido à conta de covarde.

Se adota a vida simples, é acusado pelo delito de relaxamento.

Se busca ser bondoso, é categorizado por tolo.

Se administra dignamente, é julgado orgulhoso.

Se obedece quanto é justo, é considerado servil.

Se usa a tolerância, é visto por incompetente.

Se mobiliza a energia, é conhecido por cruel.

Se trabalha, devotado, é interpretado por vaidoso.

Se procura melhorar-se, assumindo responsabilidades no esforço intensivo das boas obras ou das preleções consoladoras, é indicado por fingido.

Se tenta ajudar ao próximo, abeirando-se da multidão, com os seus gestos de bondade espontânea, muitas vezes é tachado de personalista e oportunista, atento aos interesses próprios.

Apesar de semelhantes conflitos, porém, prossigamos agindo e servindo, em nome do Senhor.

Reconhecendo que o domicílio de seus seguidores não se ergue sobre o chão do mundo, prometeu Jesus que lhes prepararia lugar na vida mais alta.

Continuemos, pois, trabalhando com duplicado fervor na sementeira do bem, à maneira de servidores provisoriamente distanciados do verdadeiro lar.

"Há muitas moradas na Casa do Pai."

E o Cristo segue servindo, adiante de nós.

Tenhamos fé.

45
Somente assim

Nisto é glorificado meu Pai, que deis muito fruto; e assim sereis meus discípulos.
JESUS (*João*, 15:8.)

Em nossas aflições, o Pai é invocado.

Nas alegrias, é adorado.

Na noite tempestuosa, é sempre esperado com ânsia.

No dia festivo, é reverenciado solenemente.

Louvado pelos filhos reconhecidos e olvidado pelos ingratos, o Pai dá sempre, espalhando as bênçãos de sua bondade infinita entre bons e maus, justos e injustos.

Ensina o verme a rastejar, o arbusto a desenvolver-se e o homem a raciocinar.

Ninguém duvide, porém, quanto à expectativa do Supremo Senhor a nosso respeito. De existência em existência, ajuda-nos a crescer e a servi-lo, para que, um dia, nos integremos, vitoriosos, em seu divino amor e possamos glorificá-lo.

Nunca chegaremos, contudo, a semelhante condição, simplesmente através dos mil modos de coloração brilhante dos nossos sentimentos e raciocínios.

Nossos ideais superiores são imprescindíveis, e no fundo assemelham-se às flores mais belas e perfumosas da árvore. Nossa cultura é, sem dúvida, indispensável, e, em essência, constitui a robustez do tronco respeitável. Nossas aspirações elevadas são preciosas e necessárias, e representam as folhas vivas e promissoras.

Todos esses requisitos são imperativos da colheita.

Assim também ocorre nos domínios da alma.

Somente é possível glorificar o Pai quando nos abrimos aos seus decretos de amor universal, produzindo para o bem eterno.

Por isso mesmo, o Mestre foi claro em sua afirmação.

Que nossa atividade, dentro da vida, produza muito fruto de paz e sabedoria, amor e esperança, fé e alegria, justiça e misericórdia, em trabalho pessoal digno e constante, porquanto somente assim o Pai será por nós glorificado e só nessa condição seremos discípulos do Mestre Crucificado e Redivivo.

46

Na cruz

Ele salvou a muitos e a si mesmo não pôde salvar-se.
(*Mateus*, 27:42.)

Sim, Ele redimira a muitos...

Estendera o amor e a verdade, a paz e a luz, levantara enfermos e ressuscitara mortos.

Entretanto, para Ele mesmo erguia-se a cruz entre ladrões.

Em verdade, para quem se exaltara tanto, para quem atingira o pináculo, sugerindo indiretamente a própria condição de Redentor e Rei, a queda era enorme...

Era o Príncipe da Paz e achava-se vencido pela guerra dos interesses inferiores.

Era o Salvador e não se salvava.

Era o Justo e padecia a suprema injustiça.

Jazia o Senhor flagelado e vencido.

Para o consenso humano era a extrema perda.

Caíra, todavia, na cruz.

Sangrando, mas de pé.

Supliciado, mas de braços abertos.

Relegado ao sofrimento, mas suspenso da Terra.

Rodeado de ódio e sarcasmo, mas de coração içado ao Amor.

Tombara, vilipendiado e esquecido, mas, no outro dia, transformava a própria dor em glória divina. Pendera-lhe a fronte, empastada de sangue, no madeiro, e ressurgia, à luz do Sol, ao hálito de um jardim.

Convertia-se a derrota escura em vitória resplandecente. Cobria-se o lenho afrontoso de claridades celestiais para a Terra inteira.

Assim também ocorre no círculo de nossas vidas.

Não tropeces no fácil triunfo ou na auréola barata dos crucificadores. Toda vez que as circunstâncias te compelirem a modificar o roteiro da própria vida, prefere o sacrifício de ti mesmo, transformando a tua dor em auxílio para muitos, porque todos aqueles que recebem a cruz, em favor dos semelhantes, descobrem o trilho da eterna ressurreição.

47
Autolibertação

*[...] Nada trouxemos para este mundo e
manifesto é que nada podemos levar dele.*
Paulo (*I Timóteo*, 6:7.)

Se desejas emancipar a alma das grilhetas escuras do "eu", começa o teu curso de autolibertação, aprendendo a viver "como possuindo tudo e nada tendo", "com todos e sem ninguém".

Se chegaste à Terra na condição de um peregrino necessitado de aconchego e socorro e se sabes que te retirarás dela sozinho, resigna-te a viver contigo mesmo, servindo a todos, em favor do teu crescimento espiritual para a imortalidade.

Lembra-te de que, por força das leis que governam os destinos, cada criatura está ou estará em solidão, a seu modo, adquirindo a ciência da autossuperação.

Consagra-te ao bem, não só pelo bem de ti mesmo, mas, acima de tudo, por amor ao próprio bem.

Realmente grande é aquele que conhece a própria pequenez, ante a vida infinita.

Não te imponhas, deliberadamente, afugentando a simpatia; não dispensarás o concurso alheio na execução de tua tarefa.

Jamais suponhas que a tua dor seja maior que a do vizinho ou que as situações do teu agrado sejam as que devam agradar aos que te seguem. Aquilo que te encoraja pode espantar a muitos e o material de tua alegria pode ser um veneno para teu irmão.

Sobretudo, combate a tendência ao melindre pessoal com a mesma persistência empregada no serviço de higiene do leito em que repousas. Muita ofensa registada[5] é peso inútil ao coração. Guardar o sarcasmo ou o insulto dos outros não será o mesmo que cultivar espinhos alheios em nossa casa?

Desanuvia a mente, cada manhã, e segue para diante, na certeza de que acertaremos as nossas contas com Quem nos emprestou a vida, e não com os homens que a malbaratam.

Deixa que a realidade te auxilie a visão e encontrarás a divina felicidade do anjo anônimo, que se confunde na glória do bem comum.

Aprende a ser só, para seres mais livre no desempenho do dever que te une a todos, e, de pensamento voltado para o Amigo Celeste, que esposou o caminho estreito da cruz, não nos esqueçamos da advertência de Paulo, quando nos diz que, com alusão a quaisquer patrimônios de ordem material, "nada trouxemos para este mundo e manifesto é que nada podemos levar dele".

---

[5] N.E.: Ver nota no capítulo 5.

48
Diante do Senhor

Por que não entendeis a minha linguagem?
Por não poderdes ouvir a minha palavra.
Jesus (*João*, 8:43.)

A linguagem do Cristo sempre se afigurou a muitos aprendizes indecifrável e estranha.

Fazer todo o bem possível, ainda quando os males sejam crescentes e numerosos.

Emprestar sem exigir retribuição.

Desculpar incessantemente.

Amar os próprios adversários.

Ajudar aos caluniadores e aos maus.

Muita gente escuta a Boa-Nova, mas não lhe penetra os ensinamentos.

Isso ocorre a muitos seguidores do Evangelho, porque se utilizam da força mental em outros setores.

Creem vagamente no socorro celeste, nas horas de amargura, mostrando, porém, absoluto desinteresse ante o estudo e ante a aplicação das Leis Divinas.

A preocupação da posse lhes absorve a existência.

Reclamam o ouro do solo, o pão do celeiro, o linho usável, o equilíbrio da carne, o prazer dos sentidos e a consideração social, com tamanha volúpia que não se recordam da posição de simples usufrutuários do mundo em que se encontram, e nunca refletem na transitoriedade de todos os patrimônios materiais, cuja função única é a de lhes proporcionar adequado clima ao trabalho na caridade e na luz, para engrandecimento do espírito eterno.

Registam[6] os chamamentos do Cristo, todavia, algemam furiosamente a atenção aos apelos da vida primária.

Percebem, mas não ouvem.

Informam-se, mas não entendem.

Nesse campo de contradições, temos sempre respeitáveis personalidades humanas e, por vezes, admiráveis amigos.

Conservam no coração enormes potenciais de bondade, contudo, a mente deles vive empenhada no jogo das formas perecíveis.

São preciosas estações de serviço aproveitável, com o equipamento, porém, ocupado em atividades mais ou menos inúteis.

Não nos esqueçamos, pois, de que é sempre fácil assinalar a linguagem do Senhor, mas é preciso apresentar-lhe o coração vazio de resíduos da Terra, para receber-lhe, em espírito e verdade, a palavra divina.

---

[6] N.E.: Ver nota no capítulo 5.

49
União fraternal

*Procurando guardar a unidade do
espírito pelo vínculo da paz.*
Paulo (*Efésios*, 4:3.)

À frente de teus olhos, mil caminhos se descerram, cada vez que te lembras de fixar a vanguarda distante.

São milhões de sendas que marginam a tua.

Não olvides a estrada que te é própria e avança, destemeroso.

Estimarias, talvez, que todas as rotas se subordinassem à tua e reportas-te à união, como se os demais viajores da vida devessem gravitar ao redor de teus passos...

Une-te aos outros, sem exigir que os outros se unam a ti.

Procura o que seja útil e belo, santo e sublime e segue adiante...

A nascente busca o regato, o regato procura o rio e o rio liga-se ao mar.

Não nos esqueçamos de que a unidade espiritual é serviço básico da paz.

Observas o irmão que se devota às crianças?

Reparas o companheiro que se dispôs a ajudar aos doentes?

Identificas o cuidado daquele que se fez o amigo dos velhos e dos jovens?

Assinalas o esforço de quem se consagrou ao aprimoramento do solo ou à educação dos animais?

Aprecias o serviço daquele que se converteu em doutrinador na extensão do bem?

Honra a cada um deles, com o teu gesto de compreensão e serenidade, convencido de que só pelas raízes do entendimento pode sustentar-se a árvore da união fraterna, que todos ambicionamos robusta e farta.

Não admitas que os outros estejam enxergando a vida através de teus olhos.

A evolução é escada infinita. Cada qual abrange a paisagem de acordo com o degrau em que se coloca.

Aproxima-te de cada servidor do bem, oferecendo-lhe o melhor que puderes, e ele te responderá com a sua melhor parte.

A guerra é sempre o fruto venenoso da violência.

A contenda estéril é resultado da imposição.

A união fraternal é o sonho sublime da alma humana, entretanto, não se realizará sem que nos respeitemos uns aos outros, cultivando a harmonia, à face do ambiente a que fomos chamados a servir. Somente alcançaremos semelhante realização "procurando guardar a unidade do espírito pelo vínculo da paz".

50

Avancemos

Irmãos, quanto a mim, não julgo que haja alcançado a perfeição, mas uma coisa faço, e é que, esquecendo-me das coisas que atrás ficam, avanço para as que se encontram diante de mim.
Paulo (*Filipenses*, 3:13.)

Na estrada cristã, somos defrontados sempre por grande número de irmãos que se aquietaram à sombra da improdutividade, declarando-se acidentados por desastres espirituais.

É alguém que chora a perda de um parente querido, chamado à transformação do túmulo.

É o trabalhador que se viu dilacerado pela incompreensão de um amigo.

É o missionário que se imobilizou à face da calúnia.

É alguém que lastima a deserção de um consócio da boa luta.

É o operário do bem que clama indefinidamente contra a fuga da companheira que lhe não percebeu a dedicação afetiva.

É o idealista que espera uma fortuna material para dar início às realizações que lhe competem.

É o cooperador que permanece na expectativa do emprego ricamente remunerado para consagrar-se às boas obras.

É a mulher que se enrola no cipoal da queixa contra os familiares incompreensivos.

É o colaborador que se escandaliza com os defeitos do próximo, congelando as possibilidades de servir.

É alguém que deplora um erro cometido, menosprezando as bênçãos do tempo em remorso destrutivo.

O passado, porém, se guarda as virtudes da experiência, nem sempre é o melhor condutor da vida para o futuro.

É imprescindível exumar o coração de todos os envoltórios entorpecentes que, por vezes, nos amortalham a alma.

A contrição, a saudade, a esperança e o escrúpulo são sagrados, mas não devem representar impedimento ao acesso de nosso espírito à Esfera Superior.

Paulo de Tarso, que conhecera terríveis aspectos do combate humano, na intimidade do próprio coração, e que subiu às culminâncias do apostolado com o Cristo, nos oferece roteiro seguro ao aprimoramento.

"Esqueçamos todas as expressões inferiores do dia de ontem e avancemos para os dias iluminados que nos esperam" – eis a essência de seu aviso fraternal à comunidade de Filipos.

Centralizemos nossas energias em Jesus e caminhemos para diante.

Ninguém progride sem renovar-se.

51
Sepulcros abertos

A sua garganta é um sepulcro aberto.
Paulo (*Romanos*, 3:13.)

Reportando-se aos espíritos transviados da luz, asseverou Paulo que têm a garganta semelhante a sepulcro aberto e, nessa imagem, podemos emoldurar muitos companheiros, quando se afastam da Estrada Real do Evangelho para os trilhos escabrosos do personalismo delinquente.

Logo se instalam no império escuro do "eu", olvidando as obrigações que nos situam no Reino Divino da Universalidade, transfigura-se-lhes a garganta em verdadeiro túmulo descerrado. Deixam escapar todo o fel envenenado que lhes transborda do íntimo, à maneira dum vaso de lodo, e passam a sintonizar, exclusivamente, com os males que ainda apoquentam vizinhos, amigos e companheiros.

Enxergam apenas os defeitos, os pontos frágeis e as zonas enfermiças das pessoas de boa vontade que lhes partilham a marcha.

Tecem longos comentários no exame de úlceras alheias, ao invés de curá-las.

Eliminam precioso tempo em palestras compridas e ferinas, enegrecendo as intenções dos outros.

Sobrecarregam a imaginação de quadros deprimentes, nos domínios da suspeita e da intemperança mental.

Sobretudo, queixam-se de tudo e de todos.

Projetam emanações entorpecentes de má-fé, estendendo o desânimo e a desconfiança contra a prosperidade da santificação, por onde passam, crestando as flores da esperança e aniquilando os frutos imaturos da caridade.

Semelhantes aprendizes, profundamente desventurados pela conduta a que se acolhem, afiguram-se-nos, de fato, sepulcros abertos...

Exalam ruínas e tóxicos de morte.

Quando te desviares, pois, para o resvaladiço terreno das lamentações e das acusações, quase sempre indébitas, reconsidera os teus passos espirituais e recorda que a nossa garganta deve ser consagrada ao bem, pois só assim se expressará, por ela, o verbo sublime do Senhor.

52
Servir e marchar

*Portanto, tornai a levantar as mãos
cansadas e os joelhos desconjuntados.*
Paulo (*Hebreus*, 12:12.)

Se é difícil a produção de fruto sadio na lavoura comum, para que não falte o pão do corpo aos celeiros do mundo, é quase sacrificial o serviço de aquisição dos valores espirituais que significam o alimento vivo e imperecível da alma.

Planta-se a semente da boa vontade, mas obstáculos mil lhe prejudicam a germinação e o crescimento.

É a aluvião de futilidades da vida inferior.

A invasão de vermes simbolizados nos aborrecimentos de toda sorte.

A lama da inveja e do despeito.

As trovoadas da incompreensão.

Os granizos da maldade.

Os detritos da calúnia.

A canícula da responsabilidade.

O frio da indiferença.
A secura do desentendimento.
O escalracho da ignorância.
As nuvens de preocupações.
A poeira do desencanto.

Todas as forças imponderáveis da experiência humana como que se conjugam contra aquele que deseja avançar no roteiro do bem.

Enquanto não alcançarmos a herança divina a que somos destinados, qualquer descida será sempre fácil...

A elevação, porém, é obra de suor, persistência e sacrifício.

Não recues diante da luta, se realmente já podes interessar o coração nos climas superiores da vida.

Não obstante defrontado por toda a espécie de dificuldades, segue para a frente, oferecendo ao serviço da perfeição quanto possuas de nobre, belo e útil.

Recorda o conselho de Paulo e não te imobilizes.

Movimenta as mãos cansadas para o trabalho e ergue os joelhos desconjuntados, na certeza de que para a obtenção da melhor parte da vida é preciso servir e marchar, incessantemente.

53
Na pregação

Eu de muito boa vontade gastarei e me deixarei gastar pelas vossas almas, ainda que, amando-vos cada vez mais, seja menos amado.
Paulo (*II Coríntios*, 12:15.)

Há numerosos companheiros da pregação salvacionista que, de bom grado, se elevam a tribunas douradas, discorrendo preciosamente sobre os méritos da bondade e da fé, mas, se convidados a contribuir nas boas obras, sentem-se feridos na bolsa e recuam apressados, sob disparatadas alegações.

Impedimentos mil lhes proíbem o exercício da caridade e afastam-se para diferentes setores, onde a boa doutrina lhes não constitua incômodo à vida calma.

Efetivamente, no entanto, na prática legítima do Evangelho não nos cabe apenas gastar o que temos, mas também dar do que somos.

Não basta derramar o cofre e solucionar questões ligadas à experiência do corpo.

É imprescindível darmo-nos, através do suor da colaboração e do esforço espontâneo na solidariedade, para atender, substancialmente, as nossas obrigações primárias, à frente do Cristo.

Quem, de algum modo, não se empenha a benefício dos companheiros, apenas conhece as lições do Alto nos círculos da palavra.

Muita gente espera o amor alheio, a fim de amar, quando tal atitude somente significa dilação nos empreendimentos santificadores que nos competem.

Quem ajuda e sofre por devoção à Boa-Nova, recolhe suprimentos celestes de força para agir no progresso geral.

Lembremo-nos de que Jesus não só cedeu, em favor de todos, quanto poderia reter em seu próprio benefício, mas igualmente fez a doação de si mesmo pela elevação comum.

Pregadores que não gastam e nem se gastam pelo engrandecimento das ideias redentoras do Cristianismo são orquídeas do Evangelho sobre o apoio problemático das possibilidades alheias; mas aquele que ensina e exemplifica, aprendendo a sacrificar-se pelo erguimento de todos, é a árvore robusta do Eterno Bem, manifestando o Senhor no solo rico da verdadeira fraternidade.

54
Procuremos com zelo

Procurai com zelo os melhores dons e eu vos mostrarei um caminho ainda mais excelente.
PAULO (*I Coríntios*, 12:31.)

A ideia de que ninguém deve procurar aprender e melhorar-se para ser mais útil à Revelação Divina é muito mais uma tentativa de consagração à ociosidade que um ensaio de humildade incipiente.

A vida é curso avançado de aprimoramento, através do esforço e da luta, e se a própria pedra deve sofrer o burilamento para refletir a luz, que dizer de nós mesmos, chamados, desde agora, a exteriorizar os recursos divinos?

Ninguém interrompa o serviço abençoado da sua educação, a pretexto de cooperar com o Céu, porque o progresso é um comboio de rodas infatigáveis que relega para trás os que se rebelam contra os imperativos da frente.

É indispensável avançar com a melhoria consequente de tudo o que nos rodeia.

E o Evangelho não endossa qualquer atitude de expectativa displicente.

A palavra de Paulo é demasiado significativa.

Dirigindo-se aos coríntios, o apóstolo da gentilidade exorta-os a procurarem com fervor os melhores dons.

É imprescindível nos disponhamos a adquirir as qualidades mais nobres de inteligência e coração, sublimando a individualidade imperecível.

Cultura e santificação, através do trabalho e da fraternidade, constituem dever para todas as criaturas.

Autoaperfeiçoamento é obrigação comum.

Busquemos, zelosos, a elevação de nós mesmos, assinalando a nossa presença, seja onde for, com as bênçãos do serviço a todos, e tão logo estejamos integrados no esforço digno, dentro da ação pessoal e incessante no bem, o Alto nos descortinará mais Iluminados Caminhos para a ascensão.

55
Elucidações

Porque não pregamos a nós mesmos, mas a Cristo Jesus, o Senhor; e nós mesmos somos vossos servos por amor de Jesus.
PAULO (*II Coríntios,* 4:5.)

Nós, os aprendizes da Boa-Nova, quando em verdadeira comunhão com o Senhor, não podemos desconhecer a necessidade de retraimento da nossa individualidade, a fim de projetarmos para a multidão, com o proveito desejável, os ensinamentos do Mestre.

Em assuntos da vida cristã, propriamente considerada, as únicas paixões justificáveis são as de aprender, ajudar e servir, porquanto sabemos que o Cristo é o Grande Planificador das nossas realizações.

Se recordarmos que a supervisão d'Ele age sempre em favor de quanto possamos produzir de melhor, viveremos atentos ao trabalho que nos toque, convencidos de que o seu pronunciamento permanece invariável nas circunstâncias da vida.

A nossa preocupação fundamental, em qualquer parte, portanto, deve ser a da prestação de serviço em Seu Nome, compreendendo que a pregação de nós mesmos, com a propaganda dos particularismos peculiares à nossa personalidade, será a simples interferência do nosso "eu" em obras da Vida Eterna que se reportam ao Reino de Deus.

Escrevendo aos coríntios, Paulo define a posição dele e dos demais apóstolos, como sendo a de servidores da comunidade por amor a Jesus. Não existe indicação mais clara das funções que nos cabem.

A chefia do Divino Mestre está sempre mais viva e a programação geral dos serviços reservados aos discípulos de todas as condições permanece estruturada em seu Evangelho de Sabedoria e de Amor.

Procuremos as bases do Cristo para não agirmos em vão.

Ajustemo-nos à consciência do Grande Renovador, a fim de não sermos tentados pelos nossos impulsos de dominação, porque, em todos os climas e situações, o companheiro da Boa-Nova é convidado, chamado e constrangido a servir.

56
Renasce agora

*Aquele que não nascer de novo não
pode ver o Reino de Deus.*
Jesus (*João*, 3:3.)

A própria Natureza apresenta preciosas lições, nesse particular. Sucedem-se os anos com matemática precisão, mas os dias são sempre novos. Dispondo, assim, de trezentos e sessenta e cinco ocasiões de aprendizado e recomeço, anualmente, quantas oportunidades de renovação moral encontrará a criatura, no abençoado período de uma existência?

Conserva do passado o que for bom e justo, belo e nobre, mas não guardes do pretérito os detritos e as sombras, ainda mesmo quando mascarados de encantador revestimento.

Faze por ti mesmo, nos domínios da tua iniciativa pela aplicação da fraternidade real, o trabalho que a tua negligência atirará fatalmente sobre os ombros de teus benfeitores e amigos espirituais.

Cada hora que surge pode ser portadora de reajustamento.

Se é possível, não deixes para depois os laços de amor e paz que podes criar agora, em substituição às pesadas algemas do desafeto.

Não é fácil quebrar antigos preceitos do mundo ou desenovelar o coração, a favor daqueles que nos ferem. Entretanto, o melhor antídoto contra os tóxicos da aversão é a nossa boa vontade, a benefício daqueles que nos odeiam ou que ainda não nos compreendem.

Enquanto nos demoramos na fortaleza defensiva, o adversário cogita de enriquecer as munições, mas se descemos à praça, desassombrados e serenos, mostrando novas disposições na luta, a ideia de acordo substitui, dentro de nós e em torno de nossos passos, a escura fermentação da guerra.

Alguém te magoa? Reinicia o esforço da boa compreensão.

Alguém te não entende? Persevera em demonstrar os intentos mais nobres.

Deixa-te reviver, cada dia, na corrente cristalina e incessante do bem.

Não olvides a assertiva do Mestre: – "Aquele que não nascer de novo não pode ver o Reino de Deus."

Renasce agora em teus propósitos, deliberações e atitudes, trabalhando para superar os obstáculos que te cercam e alcançando a antecipação da vitória sobre ti mesmo, no tempo...

Mais vale auxiliar, ainda hoje, que ser auxiliado amanhã.

57
Apóstolos

Porque tenho para mim que Deus a nós, apóstolos, nos pôs por últimos, como condenados à morte; pois somos feitos espetáculo ao mundo, aos anjos e aos homens.
PAULO (*I Coríntios*, 4:9.)

O apóstolo é o educador por excelência. Nele residem a improvisação de trabalho e o sacrifício de si mesmo para que a mente dos discípulos se transforme e se ilumine, rumo à Esfera Superior.

O legislador formula decretos que determinam o equilíbrio e a justiça na zona externa do campo social.

O administrador dispõe dos recursos materiais e humanos, acionando a máquina dos serviços terrestres.

O sacerdote ensina ao povo as maneiras da fé, em manifestações primárias.

O artista embeleza o caminho da inteligência, acordando o coração para as mensagens edificantes que o mundo encerra em seu conteúdo de espiritualidade.

O cientista surpreende as realidades da Sabedoria Divina criadas para a evolução da criatura e revela-lhes a expressão visível ou perceptível ao conhecimento popular.

O pensador interroga, sondando os fenômenos passageiros.

O médico socorre a carne enfermiça.

O guerreiro disciplina a multidão e estabelece a ordem.

O operário é o ativo menestrel das formas, aperfeiçoando os vasos destinados à preservação da vida.

Os apóstolos, porém, são os condutores do espírito.

Em todas as grandes causas da Humanidade, são instituições vivas do exemplo revelador, respirando no mundo das causas e dos efeitos, oferecendo em si mesmos a essência do que ensinam, a verdade que demonstram e a claridade que acendem ao redor dos outros. Interferem na elaboração dos pensamentos dos sábios e dos ignorantes, dos ricos e dos pobres, dos grandes e dos humildes, renovando-lhes o modo de crer e de ser, a fim de que o mundo se engrandeça e se santifique. Neles surge a equação dos fatos e das ideias, de que se constituem pioneiros ou defensores, através da doação total de si próprios a benefício de todos. Por isso, passam na Terra, trabalhando e lutando, sofrendo e crescendo sem descanso, com etapas numerosas pelas cruzes da incompreensão e da dor. Representando, em si, o fermento espiritual que leveda a massa do progresso e do aprimoramento, transitam no mundo, conforme a definição de Paulo de Tarso, como se estivessem colocados pela Providência Divina nos últimos lugares da experiência humana, à maneira de condenados a incessante sofrimento, pois neles estão condensadas a demonstração positiva do bem para o mundo, a possibilidade de atuação para os Espíritos Superiores e a fonte de benefícios imperecíveis para a Humanidade inteira.

58
Discípulos

E qualquer que não levar a sua cruz, e não vier após mim, não pode ser meu discípulo.
Jesus (*Lucas*, 14:27.)

Os círculos cristãos de todos os matizes permanecem repletos de estudantes que se classificam no discipulado de Jesus, com inexcedível entusiasmo verbal, como se a ligação legítima com o Mestre estivesse circunscrita a problema de palavras.

Na realidade, porém, o Evangelho não deixa dúvidas a esse respeito.

A vida de cada criatura consciente é um conjunto de deveres para consigo mesma, para com a família de corações que se agrupam em torno dos seus sentimentos e para com a Humanidade inteira.

E não é tão fácil desempenhar todas essas obrigações com aprovação plena das diretrizes evangélicas.

Imprescindível se faz eliminar as arestas do próprio temperamento, garantindo o equilíbrio que nos é particular, contribuir com eficiência em favor de quantos nos cercam o caminho, dando a cada um o que lhe pertence, e servir à comunidade, de cujo quadro fazemos parte.

Sem que nos retifiquemos, não corrigiremos o roteiro em que marchamos.

Árvores tortas não projetam imagens irrepreensíveis.

Se buscamos a sublimação com o Cristo, ouçamos os ensinamentos divinos. Para sermos discípulos d'Ele é necessário nos disponhamos com firmeza a conduzir a cruz de nossos testemunhos de assimilação do bem, acompanhando-lhe os passos.

Aprendizes existem que levam consigo o madeiro das provas salvadoras, mas não seguem o Senhor por se confiarem à revolta através do endurecimento e da fuga.

Outros aparecem, seguindo o Mestre nas frases bem feitas, mas não carregam a cruz que lhes toca, abandonando-a à porta de vizinhos e companheiros.

Dever e renovação.
Serviço e aprimoramento.
Ação e progresso.
Responsabilidade e crescimento espiritual.
Aceitação dos impositivos do bem e obediência aos padrões do Senhor.

Somente depois de semelhantes aquisições é que atingiremos a verdadeira comunhão com o Divino Mestre.

59
Palavras da Vida Eterna

Tu tens as palavras da Vida Eterna.
Simão Pedro (*João*, 6:68.)

Rodeiam-te as palavras, em todas as fases da luta e em todos os ângulos do caminho.

Frases respeitáveis que se referem aos teus deveres.

Verbo amigo trazido por dedicações que te reanimam e consolam.

Opiniões acerca de assuntos que te não dizem respeito.

Sugestões de variadas origens.

Preleções valiosas.

Discursos vazios que os teus ouvidos lançam ao vento.

Palavras faladas... Palavras escritas...

Dentre as expressões verbalistas articuladas ou silenciosas, junto das quais a tua mente se desenvolve, encontrarás, porém, as palavras da Vida Eterna.

Guarda teu coração à escuta.

Nascem do amor insondável do Cristo, como a água pura do seio imenso da Terra.

Muitas vezes te manténs despercebido e não lhes assinalas o aviso, o cântico, a lição e a beleza.

Vigia no mundo, isolado de ti mesmo, para que lhes não percas o sabor e a claridade.

Exortam-te a considerar a grandeza de Deus e a viver de conformidade com as Suas Leis.

Referem-se ao planeta como sendo nosso lar e à Humanidade como sendo a nossa família.

Revelam no amor o laço que nos une a todos.

Indicam no trabalho o nosso roteiro de evolução e aperfeiçoamento.

Descerram os horizontes divinos da vida e ensinam-nos a levantar os olhos para o mais alto e para o mais além.

"Palavras, palavras, palavras..."

Esquece aquelas que te incitam à inutilidade, aproveita quantas te mostram as obrigações justas e te ensinam a engrandecer a existência, mas não olvides as frases que te acordam para a luz e para o bem; elas podem penetrar o nosso coração, através de um amigo, de uma carta, de uma página ou de um livro, mas, no fundo, procedem sempre de Jesus, o Divino Amigo das Criaturas.

Retém contigo as palavras da Vida Eterna, porque são as santificadoras do espírito, na experiência de cada dia, e, sobretudo, o nosso seguro apoio mental nas horas difíceis das grandes renovações.

60
Esmola

Dai antes esmola do que tiverdes.
Jesus (*Lucas*, 11:41.)

A palavra do Senhor está sempre estruturada em luminosa beleza que não podemos perder de vista.

No capítulo da esmola, a recomendação do Mestre, dentro da narrativa de Lucas, merece apontamentos especiais.

"Dai antes esmola do que tiverdes."

Dar o que temos é diferente de dar o que detemos.

A caridade é sublime em todos os aspectos sob os quais se nos revele e em circunstância alguma devemos esquecer a abnegação admirável daqueles que distribuem pão e agasalho, remédio e socorro para o corpo, aprendendo a solidariedade e ensinando-a.

É justo, porém, salientar que a fortuna ou a autoridade são bens que detemos provisoriamente na marcha comum e que, nos fundamentos substanciais da vida, não nos pertencem.

O Dono de todo o poder e de toda a riqueza no Universo é Deus, nosso Criador e Pai, que empresta recursos aos homens, segundo os méritos ou as necessidades de cada um.

Não olvidemos, assim, as doações de nossa esfera íntima e perguntemos a nós mesmos:

Que temos de nós próprios para dar?

Que espécie de emoção estamos comunicando aos outros?

Que reações provocamos no próximo?

Que distribuímos com os nossos companheiros de luta diária?

Qual é o estoque de nossos sentimentos?

Que tipo de vibrações espalhamos?

Para difundir a bondade, ninguém precisa cultivar riso estridente ou sorrisos baratos, mas, para não darmos pedras de indiferença aos corações famintos de pão da fraternidade, é indispensável amealhar em nosso espírito as reservas da boa compreensão, emitindo o tesouro de amizade e entendimento que o Mestre nos confiou em serviço ao bem de quantos nos rodeiam, perto ou longe.

É sempre reduzida a caridade que alimenta o estômago, mas que não esquece a ofensa, que não se dispõe a servir diretamente ou que não acende luz para a ignorância.

O aviso do Instrutor Divino nas anotações de Lucas significa: – dai esmola de vossa vida íntima, ajudai por vós mesmos, espalhai alegria e bom ânimo, oportunidade de crescimento e elevação com os vossos semelhantes, sede irmãos dedicados ao próximo, porque, em verdade, o amor que se irradia em bênçãos de felicidade e trabalho, paz e confiança, é sempre a dádiva maior de todas.

61
Nunca desfalecer

[...] Orar sempre e nunca desfalecer.
(*Lucas*, 18:1.)

Não permitas que os problemas externos, inclusive os do próprio corpo, te inabilitem para o serviço da tua iluminação.

Enquanto te encontrares no plano de exercício, qual a Crosta da Terra, sempre serás defrontado pela dificuldade e pela dor.

A lição dada é caminho para novas lições.

Atrás do enigma resolvido, outros enigmas aparecem.

Outra não pode ser a função da escola, senão ensinar, exercitar e aperfeiçoar.

Enche-te, pois, de calma e bom ânimo, em todas as situações.

Foste colocado entre obstáculos mil de natureza estranha, para que, vencendo inibições fora de ti, aprendas a superar as tuas limitações.

Enquanto a comunidade terrestre não se adaptar à nova luz, respirarás cercado de lágrimas inquietantes, de gestos impensados e de sentimentos escuros.

Dispõe-te a desculpar e auxiliar sempre, a fim de que não percas a gloriosa oportunidade de crescimento espiritual.

Lembra-te de todas as aflições que rodearam o espírito cristão, no mundo, desde a vinda do Senhor.

Onde está o Sinédrio que condenou o Amigo Celeste à morte?

Onde os romanos vaidosos e dominadores?

Onde os verdugos da Boa-Nova nascente?

Onde os guerreiros que fizeram correr, em torno do Evangelho, rios escuros de sangue e suor?

Onde os príncipes astutos que combateram e negociaram, em nome do Renovador Crucificado?

Onde as trevas da Idade Média?

Onde os políticos e inquisidores de todos os matizes, que feriram em nome do Excelso Benfeitor?

Arrojados pelo tempo aos despenhadeiros de cinza, fortaleceram e consolidaram o pedestal de luz, em que a figura do Cristo resplandece, cada vez mais gloriosa, no governo dos séculos.

Centraliza-te no esforço de ajudar no bem comum, seguindo com a tua cruz, ao encontro da ressurreição divina. Nas surpresas constrangedoras da marcha, recorda que, antes de tudo, importa orar sempre, trabalhando, servindo, aprendendo, amando, e nunca desfalecer.

62
Devagar, mas sempre

*Mas ainda que o nosso homem exterior se corrompa,
o interior, contudo, se renova, de dia em dia.*
Paulo (*II Coríntios*, 4:16.)

Observa o espírito de sequência e gradação que prevalece nos mínimos setores da Natureza.

Nada se realiza aos saltos e, na pauta da Lei Divina, não existe privilégio em parte alguma.

Enche-se a espiga de grão em grão.

Desenvolve-se a árvore, milímetro a milímetro.

Nasce a floresta de sementes insignificantes.

Levanta-se a construção, peça por peça.

Começa o tecido nos fios.

As mais famosas páginas foram produzidas, letra a letra.

A cidade mais rica é edificada, palmo a palmo.

As maiores fortunas de ouro e pedras foram extraídas do solo, fragmento a fragmento.

A estrada mais longa é pavimentada, metro a metro.

O grande rio que se despeja no mar é conjunto de filetes líquidos.

Não abandones o teu grande sonho de conhecer e fazer, nos domínios superiores da inteligência e do sentimento, mas não te esqueças do trabalho pequenino, dia a dia.

A vida é processo renovador, em toda parte, e, segundo a palavra sublime de Paulo, ainda que a carne se corrompa, a individualidade imperecível se reforma, incessantemente.

Para que não nos modifiquemos, todavia, em sentido oposto à expectativa do Alto, é indispensável saibamos perseverar com o esforço de autoaperfeiçoamento, em vigilância constante, na atividade que nos ajude e enobreça.

Se algum ideal divino te habita o espírito, não olvides o servicinho diário, para que se concretize em momento oportuno.

Há ensejo favorável à realização?

Age com regularidade, de alma voltada para a meta.

Há percalços e lutas, espinhos e pedrouços na senda?

Prossegue mesmo assim.

O tempo, implacável dominador de civilizações e homens, marcha apenas com sessenta minutos por hora, mas nunca se detém.

Guardemos a lição e caminhemos para diante, com a melhoria de nós mesmos.

Devagar, mas sempre.

63
Diferenças

*Nisto todos conhecerão que sois meus discípulos,
se vos amardes uns aos outros.*
Jesus (*João*, 13:35.)

Nas variadas escolas do Cristianismo, vemos milhares de pessoas que, de alguma sorte, se ligam ao Mestre e Senhor.

Há corações que se desfazem nos louvores ao Grande Médico, exaltando-lhe a intercessão divina nos acontecimentos em que se reconheceram favorecidos, mas não passam das afirmativas espetaculares, qual se vivessem indefinidamente mergulhados em maravilhosas visões.

São os simplesmente beneficiários e sonhadores.

Há temperamentos ardorosos que impressionam da tribuna, através de preleções eruditas e comoventes, em que relacionam a posição do Grande Renovador, na religião, na filosofia e na história, não avançando, contudo, além dos discursos preciosos.

São os simplesmente sacerdotes e pregadores.

Há inteligências primorosas que vazam páginas sublimes de crença consoladora, arrancando lágrimas de emoção aos leitores ávidos de conhecimento revelador, todavia, não ultrapassam o campo do beletrismo religioso.

São os simplesmente escritores e intelectuais.

Todos guardam recursos e méritos especializados.

Existe, no entanto, nos trabalhos da Boa-Nova, um tipo de cooperador diferente.

Louva o Senhor com pensamentos, palavras e atos, cada dia.

Distribui o tesouro do bem, por intermédio do verbo consolador, sempre que possível.

Escreve conceitos edificantes, em torno do Evangelho, toda vez que as circunstâncias lho permitem.

Ultrapassa, porém, toda pregação falada ou escrita, agindo incessantemente na sementeira do bem, em obras de sacrifício próprio e de amor puro, nos moldes de ação que o Cristo nos legou. Não pede recompensa, não pergunta por resultados, não se sintoniza com o mal. Abençoa e ajuda sempre.

Semelhante companheiro é conhecido por verdadeiro discípulo do Senhor, por muito amar.

64
Semeadores

Eis que o semeador saiu a semear.
Jesus (*Mateus*, 13:3.)

Todo ensinamento do Divino Mestre é profundo e sublime na menor expressão. Quando se dispõe a contar a Parábola do Semeador, começa com ensinamento de inestimável importância que vale relembrar.

Não nos fala que o semeador deva agir, através do contrato com terceiras pessoas, e sim que ele mesmo saiu a semear.

Transferindo a imagem para o solo do espírito, em que tantos imperativos de renovação convidam os obreiros da boa vontade à santificante lavoura da elevação, somos levados a reconhecer que o servidor do Evangelho é compelido a sair de si próprio, a fim de beneficiar corações alheios.

É necessário desintegrar o velho cárcere do "ponto de vista" para nos devotarmos ao serviço do próximo.

Aprendendo a ciência de nos retirarmos da escura cadeia do "eu", excursionaremos através do grande continente denominado "interesse geral". E, na infinita extensão dele, encontraremos a "terra das almas", sufocada de espinheiros, ralada de pobreza, revestida de pedras ou intoxicada de pântanos, oferecendo-nos a divina oportunidade de agir a benefício de todos.

Foi nesse roteiro que o Divino Semeador pautou o ministério da luz, iniciando a celeste missão do auxílio entre humildes tratadores de animais e continuando-a através dos amigos de Nazaret e dos doutores de Jerusalém, dos fariseus palavrosos e dos pescadores simples, dos justos e dos injustos, ricos e pobres, doentes do corpo e da alma, velhos e jovens, mulheres e crianças...

Segundo observamos, o semeador do Céu ausentou-se da grandeza a que se acolhe e veio até nós, espalhando as claridades da Revelação e aumentando-nos a visão e o discernimento. Humilhou-se para que nos exaltássemos e confundiu-se com a sombra a fim de que a nossa luz pudesse brilhar, embora lhe fosse fácil fazer-se substituído por milhões de mensageiros, se desejasse.

Afastemo-nos, pois, das nossas inibições e aprendamos com o Cristo a "sair para semear".

65
Não te enganes

Olhais para as coisas segundo as aparências?
Se alguém confia de si mesmo que é do Cristo,
pense outra vez isto consigo, que assim como ele
é do Cristo, também nós do Cristo somos.
Paulo (*II Coríntios*, 10:7.)

Não te enganes, acerca da nossa necessidade comum no aperfeiçoamento.

Muita vez, superestimando nossos valores, acreditamo-nos privilegiados na arte da elevação. E, em tais circunstâncias, costumamos esquecer, impensadamente, que outros estão fazendo pelo bem muito mais que nós mesmos.

O vaga-lume acende leves relâmpagos nas trevas e se supõe o príncipe da luz, mas encontra a vela acesa que o ofusca. A vela empavona-se sobre um móvel doméstico e se presume no trono absoluto da claridade, entretanto, lá vem um dia em que a lâmpada elétrica brilha no alto, embaciando-lhe a chama. A lâmpada, a seu turno, ensoberbece-se na praça pública, mas o

Sol, cada manhã, resplandece no firmamento, clareando toda a Terra e empalidecendo todas as luzes planetárias, grandes e pequenas.

Enquanto perdura a sombra protetora e educativa da carne, quase sempre somos vítimas de nossas ilusões, mas, em voltando o clarão infinito da verdade com a renovação da morte física, verificamos, ao sol da vida espiritual, que a Providência Divina é glorioso amor para a Humanidade inteira.

Não troques a realidade pelas aparências.

Respeitemos cada realização em seu tempo e cada pessoa no lugar que lhe é devido.

Todos somos companheiros de evolução e aperfeiçoamento, guardados ainda entre o bem e o mal. Onde acionarmos a nossa "parte inferior", a sombra dos outros permanecerá em nossa companhia. Da zona a que projetarmos a nossa "boa parte", a luz do próximo virá ao nosso encontro.

Cada alma é sempre uma incógnita para outra alma. Em razão disso, não será lícito erguer as paredes de nossa tranquilidade sobre os alicerces do sentimento alheio.

Não nos iludamos.

Retifiquemos em nós quanto prejudique a nossa paz íntima e estendamos braços e pensamentos fraternos, em todas as direções, na certeza de que, se somos portadores de virtudes e defeitos, nas ocasiões de juízo receberemos sempre de acordo com as nossas obras. E, compreendendo que a Bondade do Senhor brilha para todas as criaturas, sem distinção de pessoas, recordemos em nosso favor e em favor dos outros as significativas palavras de Paulo: – "Se alguém confia de si mesmo que é do Cristo, pense outra vez isto consigo, porque tanto quanto esse alguém é do Cristo, também nós do Cristo somos."

66
Acordar e erguer-se

*Desperta, tu que dormes! Levanta-te dentre
os mortos e o Cristo te iluminará.*
PAULO (*Efésios*, 5:14.)

Há milhares de companheiros nossos que dormem, indefinidamente, enquanto se alonga debalde para eles o glorioso dia de experiência sobre a Terra.

Percebem vagamente a produção incessante da Natureza, mas não se recordam da obrigação de algo fazer em benefício do progresso coletivo.

Diante da árvore que se cobre de frutos ou da abelha que tece o favo de mel, não se lembram do comezinho dever de contribuir para a prosperidade comum.

De maneira geral, assemelham-se a mortos preciosamente adornados.

Chega, porém, um dia em que acordam e começam a louvar o Senhor, em êxtase admirável...

Isso, no entanto, é insuficiente.

Há muitos irmãos de olhos abertos, guardando, porém, a alma na posição horizontal da ociosidade. É preciso que os corações despertos se ergam para a vida, se levantem para trabalhar na sementeira e na seara do bem, a fim de que o Mestre os ilumine.

Esforcemo-nos por alertar os nossos companheiros adormecidos, mas não olvidemos a necessidade de auxiliá-los no soerguimento.

É imprescindível saibamos improvisar os recursos indispensáveis em auxílio dos nossos afeiçoados ou não que precisam levantar-se para as bênçãos de Jesus.

Não basta recomendar.

Quem receita serviço e virtude ao próximo, sem antes preparar-lhe o entendimento, através do espírito de fraternidade, identifica-se com o instrutor exigente que reclama do aluno integral conhecimento acerca de determinado e valioso livro, sem antes ensiná-lo a ler.

Disse Paulo: – "Desperta, tu que dormes! Levanta-te dentre os mortos e o Cristo te iluminará." E nós repetiremos: – "Acordemos para a vida superior e levantemo-nos na execução das boas obras e o Senhor nos ajudará, para que possamos ajudar os outros."

67
Modo de sentir

Renovai-vos pelo espírito no vosso modo de sentir.
Paulo (*Efésios*, 4:23.)

    Há muitos séculos o homem raciocina, obediente a regras quase inalteradas, comparando fatores externos segundo velhos processos de observação; rege a vida física com grandes mudanças no setor das operações orgânicas fundamentais e maneja a palavra como quem usa os elementos indispensáveis a determinada construção de pedra, terra e cal.
    Nos círculos da natureza externa, em si, as modificações em qualquer aspecto são mínimas, exceção feita ao progresso avançado nas técnicas da ciência e da indústria.
    No sentimento, porém, as alterações são profundas.
    Nos povos realmente educados, ninguém se compraz com a escravidão dos semelhantes, ninguém joga impunemente com a vida do próximo, e ninguém aplaude a crueldade sistemática e deliberada, quanto antigamente.

Através do coração, o ideal de Humanidade vem sublimando a mente em todos os climas do planeta.

O lar e a escola, o templo e o hospital, as instituições de previdência e beneficência são filhos da sensibilidade, e não do cálculo.

Um trabalhador poderá demonstrar altas características de inteligência e habilidade, mas, se não possui devoção para com o serviço, será sempre um aparelho consciente de repetição, tanto quanto o estômago é máquina de digerir, há milênios.

Só pela renovação íntima, progride a alma no rumo da vida aperfeiçoada.

Antes do Cristo, milhares de homens e mulheres morreram na cruz, entretanto, o madeiro do Mestre converteu-se em luz inextinguível pela qualidade de sentimento com que o crucificado se entregou ao sacrifício, influenciando a maneira de sentir das nações e dos séculos.

Crescer em bondade e entendimento é estender a visão e santificar os objetivos na experiência comum.

Jesus veio até nós a fim de ensinar-nos, acima de tudo, que o Amor é o caminho para a Vida Abundante.

Vives sitiado pela dor, pela aflição, pela sombra ou pela enfermidade? Renova o teu modo de sentir, pelos padrões do Evangelho, e enxergarás o Propósito Divino da Vida, atuando em todos os lugares, com justiça e misericórdia, sabedoria e entendimento.

68
Sementeira e construção

Porque nós somos cooperadores de Deus; vós sois lavoura de Deus e edifício de Deus.
Paulo (*I Coríntios*, 3:9.)

Asseverando Paulo a sua condição de cooperador de Deus e designando a lavoura e o edifício do Senhor nos seguidores e beneficiários do Evangelho que o cercavam, traçou o quadro espiritual que sempre existirá na Terra em aperfeiçoamento, entre os que conhecem e os que ignoram a verdade divina.

Se já recebemos da Boa-Nova a lâmpada acesa para a nossa jornada, somos compulsoriamente considerados colaboradores do ministério de Jesus, competindo-nos a sementeira e a construção d'Ele em todas as criaturas que nos partilham a estrada.

Conhecemos, pois, na essência, qual o serviço que a Revelação nos indica, logo nos aproximemos da luz cristã.

Se já guardamos a bênção do Mestre, cabe-nos restaurar o equilíbrio das correntes da vida, onde permanecemos, ajudando aos que se desajudam, enxergando algo para os que jazem cegos e ouvindo alguma coisa em proveito dos que permanecem surdos, a fim de que a obra do Reino Divino cresça, progrida e santifique toda a Terra.

O serviço é de plantação e edificação, reclamando esforço pessoal e boa vontade para com todos, porquanto, de conformidade com a própria simbologia do apóstolo, o vegetal pede tempo e carinho para desenvolver-se e a casa sólida não se ergue num dia.

Em toda parte, porém, vemos pedreiros que clamam contra o peso do tijolo e da areia e cultivadores que detestam as exigências de adubo e proteção à planta frágil.

O ensinamento do Evangelho, contudo, não deixa margem a qualquer dúvida.

Se já conheces os benefícios de Jesus, és colaborador d'Ele, na vinha do mundo e na edificação do espírito humano para a Eternidade.

Avança na tarefa que te foi confiada e não temas. Se a fé representa a nossa coroa de luz, o trabalho em favor de todos é a nossa bênção de cada dia.

69
Firmeza e constância

Portanto, meus amados irmãos, sede firmes e constantes, sempre abundantes na obra do Senhor, sabendo que o vosso trabalho não é vão.
PAULO (*I Coríntios*, 15:58.)

Muita gente acredita que abraçar a fé será confiar-se ao êxtase improdutivo. A pretexto de garantir a iluminação da alma, muitos corações fogem à luta, trancando-se entre as quatro paredes do santuário doméstico, entre vigílias de adoração e pensamentos profundos acerca dos mistérios divinos, esquecendo-se de que todo o conjunto da vida é Criação Universal de Deus.

Fé representa visão.

Visão é conhecimento e capacidade de auxiliar.

Quem penetrou a "terra espiritual da verdade", encontrou o trabalho por graça maior.

O Senhor e os discípulos não viveram apenas na contemplação.

Oravam, sim, porque ninguém pode sustentar-se sem o banho interior de silêncio, restaurando as próprias forças nas correntes superiores de energia sublime que fluem dos Mananciais Celestes.

A prece e a reflexão constituem o lubrificante sutil em nossa máquina de experiências cotidianas.

Importa reconhecer, porém, que o Mestre e os aprendizes lutaram, serviram e sofreram na lavoura ativa do bem e que o Evangelho estabelece incessante trabalho para quantos lhe esposam os princípios salvadores.

Aceitar o Cristianismo é renovar-se para as Alturas e só o clima do serviço consegue reestruturar o espírito e santificar-lhe o destino.

Paulo de Tarso, invariavelmente peremptório nas advertências e avisos, escrevendo aos coríntios, encareceu a necessidade de nossa firmeza e constância nas tarefas de elevação, para que sejamos abundantes em ações nobres com o Senhor.

Agir ajudando, criar alegria, concórdia e esperanças, abrir novos horizontes ao conhecimento superior e melhorar a vida, onde estivermos, é o apostolado de quantos se devotaram à Boa-Nova.

Procuremos as águas vivas da prece para lenir o coração, mas não nos esqueçamos de acionar os nossos sentimentos, raciocínios e braços, no progresso e aperfeiçoamento de nós mesmos, de todos e de tudo, compreendendo que Jesus reclama obreiros diligentes para a edificação de seu Reino em toda a Terra.

70
Solidão

O presidente, porém, disse: – Mas que mal fez Ele? – E eles mais clamavam, dizendo: – Seja crucificado.
(*Mateus*, 27:23.)

À medida que te elevas, monte acima, no desempenho do próprio dever, experimentas a solidão dos cimos e incomensurável tristeza te constringe a alma sensível.

Onde se encontram os que sorriram contigo no parque primaveril da primeira mocidade? Onde pousam os corações que te buscavam o aconchego nas horas de fantasia? Onde se acolhem quantos te partilhavam o pão e o sonho, nas aventuras ridentes do início?

Certo, ficaram...

Ficaram no vale, voejando em círculo estreito, à maneira das borboletas douradas, que se esfacelam ao primeiro contato da menor chama de luz que se lhes descortine à frente.

Em torno de ti, a claridade, mas também o silêncio...

Dentro de ti, a felicidade de saber, mas igualmente a dor de não seres compreendido...

Tua voz grita sem eco e o teu anseio se alonga em vão.

Entretanto, se realmente sobes, que ouvidos te poderiam escutar à grande distância e que coração faminto de calor do vale se abalançaria a entender, de pronto, os teus ideais de altura?

Choras, indagas e sofres...

Contudo, que espécie de renascimento não será doloroso?

A ave, para libertar-se, destrói o berço da casca em que se formou, e a semente, para produzir, sofre a dilaceração na cova desconhecida.

A solidão com o serviço aos semelhantes gera a grandeza.

A rocha que sustenta a planície costuma viver isolada e o Sol que alimenta o mundo inteiro brilha sozinho.

Não te canses de aprender a ciência da elevação.

Lembra-te do Senhor, que escalou o Calvário, de cruz aos ombros feridos. Ninguém o seguiu na morte afrontosa, à exceção de dois malfeitores, constrangidos à punição, em obediência à justiça.

Recorda-te d'Ele e segue...

Não relaciones os bens que já espalhaste.

Confia no Infinito Bem que te aguarda.

Não esperes pelos outros, na marcha de sacrifício e engrandecimento. E não olvides que, pelo ministério da redenção que exerceu para todas as criaturas, o Divino Amigo dos Homens não somente viveu, lutou e sofreu sozinho, mas também foi perseguido e crucificado.

71

Aproveita

Se alguém diz: – "Eu amo a Deus", e aborrece a seu irmão, é mentiroso. Pois quem não ama o seu irmão, ao qual viu, como pode amar a Deus, a quem não viu?
(I João, 4:20.)

A vida é processo de crescimento da alma ao encontro da Grandeza Divina.

Aproveita as lutas e dificuldades da senda para a expansão de ti mesmo, dilatando o teu círculo de relações e de ação.

Aprendamos para esclarecer.

Entesouremos para ajudar.

Engrandeçamo-nos para proteger.

Eduquemo-nos para servir.

Com o ato de fazer e dar alguma coisa, a alma se estende sempre mais além...

Guardando a bênção recebida para si somente, o espírito, muitas vezes, apenas se adorna, mas, espalhando a riqueza de que é portador, cresce constantemente.

Na prestação de serviço aos semelhantes, incorpora-se, naturalmente, ao coro das alegrias que provoca.

No ensinamento ao aprendiz, liga-se aos benefícios da lição.

Na criação das boas obras, no trabalho, na virtude ou na arte, vive no progresso, na santificação ou na beleza com que a experiência individual e coletiva se alarga e aperfeiçoa.

Na distribuição de pensamentos sadios e elevados, converte-se em fonte viva de graça e contentamento para todos.

No concurso espontâneo, dentro do ministério do bem, une-se à prosperidade comum.

Dá, pois, de ti mesmo, de tuas forças e recursos, agindo sem cessar, na instituição de valores novos, auxiliando os outros, a benefício de ti mesmo.

O mundo é caminho vasto de evolução e aprimoramento, onde transitam, ao teu lado, a ignorância e a fraqueza.

Aproveita a gloriosa oportunidade de expansão que a esfera física te confere e ajuda a quem passa, sem cogitar de pagamento de qualquer natureza.

O próximo é a nossa ponte de ligação com Deus.

Se buscas o Pai, ajuda ao teu irmão, amparando-vos reciprocamente, porque, segundo a palavra iluminada do evangelista, "se alguém diz: — 'Eu amo a Deus', e aborrece o semelhante, é mentiroso, pois quem não ama o companheiro com quem convive, como pode amar a Deus, a quem ainda não conhece?"

72
Incompreensão

Fiz-me fraco para os fracos, para ganhar os fracos. Fiz-me tudo para todos para, por todos os meios, chegar a salvar alguns.
PAULO (*I Coríntios*, 9:22.)

A incompreensão, indiscutivelmente, é assim como a treva perante a luz, entretanto, se a vocação da claridade te assinala o íntimo, prossegue combatendo as sombras, nos menores recantos de teu caminho.

Não te esqueças, porém, da lei do auxílio e observa-lhe os princípios, antes da ação.

Descer para ajudar é a arte divina de quantos alcançaram conscienciosamente a vida mais alta.

A luz ofuscante produz a cegueira.

Se as estrelas da sabedoria e do amor te povoam o coração, não humilhes quem passa sob o nevoeiro da ignorância e da maldade.

Gradua as manifestações de ti mesmo para que o teu socorro não se faça destrutivo.

Se a chuva alagasse indefinidamente o deserto, a pretexto de saciar-lhe a sede, e se o Sol queimasse o lago, sem medida, com a desculpa de subtrair-lhe o barro úmido, nunca teríamos clima adequado à produção de utilidades para a vida.

Não te faças demasiado superior diante dos inferiores ou excessivamente forte perante os fracos.

Das escolas não se ausentam todos os aprendizes, habilitados em massa, e sim alguns poucos cada ano.

Toda mordomia reclama noção de responsabilidade, mas exige também o senso das proporções.

Conserva a energia construtiva do exemplo respeitável, mas não olvides que a ciência de ensinar só triunfa integralmente no orientador que sabe amparar, esperar e repetir.

Não clames, pois, contra a incompreensão, usando inquietude e desencanto, vinagre e fel.

Há méritos celestiais naquele que desce ao pântano sem contaminar-se, na tarefa de salvação e reajustamento.

O bolo de matéria densa reveste-se de lodo, quando arremessado ao poço lamacento, todavia, o raio de luz visita as entranhas do abismo e dele se retira sem alterar-se.

Que seria de nós se Jesus não houvesse apagado a própria claridade, fazendo-se à semelhança de nossa fraqueza, para que lhe testemunhássemos a missão redentora? Aprendamos com Ele a descer, auxiliando sem prejuízo de nós mesmos.

E, nesse sentido, não podemos esquecer a expressiva declaração de Paulo de Tarso quando afirma que, para a vitória do bem, se fez fraco para os fracos, fazendo-se tudo para todos, a fim de, por todos os meios, chegar a erguer alguns.

73
Estímulo fraternal

O meu Deus, segundo as suas riquezas, suprirá todas as vossas necessidades em glória, por Cristo Jesus.
Paulo (*Filipenses*, 4:19.)

Não te julgues sozinho na luta purificadora, porque o Senhor suprirá todas as nossas necessidades.

Ergue teus olhos para o Alto e, de quando em quando, contempla a retaguarda.

Se te encontras em posição de servir, ajuda e segue.

Recorda o irmão que se demora sem recursos, no leito da indigência.

Pensa no companheiro que ouve o soluço dos filhinhos, sem possibilidades de enxugar-lhes o pranto.

Detém-te para ver o enfermo que as circunstâncias enxotaram do lar.

Para um momento, endereçando um olhar de simpatia à criancinha sem-teto.

Medita na angústia dos desequilibrados mentais, confundidos no eclipse da razão.

Reflete nos aleijados que se algemam na imobilidade dolorosa.

Pensa nos corações maternos, torturados pela escassez de pão e harmonia no santuário doméstico.

Interrompe, de vez em quando, o passo apressado, a fim de auxiliares o cego que tateia nas sombras.

É possível, então, que a tua própria dor desapareça aos teus olhos.

Se tens braços para ajudar e cabeça habilitada a refletir no bem dos semelhantes, és realmente superior a um rei que possuísse um mundo de moedas preciosas, sem coragem de amparar a ninguém.

Quando conseguires superar as tuas aflições para criares a alegria dos outros, a felicidade alheia te buscará, onde estiveres, a fim de improvisar a tua ventura.

Que a enfermidade e a tristeza nunca te impeçam a jornada.

É preferível que a morte nos surpreenda em serviço, a esperarmos por ela numa poltrona de luxo.

Acende, meu irmão, nova chama de estímulo, no centro da tua alma, e segue além... Sê o anjo da fraternidade para os que te seguem dominados de aflição, ignorância e padecimento.

Quando plantares a alegria de viver nos corações que te cercam, em breve as flores e os frutos de tua sementeira te enriquecerão o caminho.

74
Quando há luz

O amor do Cristo nos constrange.
Paulo (*II Coríntios*, 5:14.)

Quando Jesus encontra santuário no coração de um homem, modifica-se-lhe a marcha inteiramente.

Não há mais lugar dentro dele para a adoração improdutiva, para a crença sem obras, para a fé inoperante.

Algo de indefinível na terrestre linguagem transtorna-lhe o espírito.

Categoriza-o a massa comum por desajustado, entretanto, o aprendiz do Evangelho, chegando a essa condição, sabe que o Trabalhador Divino como que lhe ocupa as profundidades do ser.

Renova-se-lhe toda a conceituação da existência.

O que ontem era prazer, hoje é ídolo quebrado.

O que representava meta a atingir, é roteiro errado que ele deixa ao abandono.

Torna-se criatura fácil de contentar, mas muito difícil de agradar.

A voz do Mestre, persuasiva e doce, exorta-o a servir sem descanso.

Converte-se-lhe a alma num estuário maravilhoso, onde os padecimentos vão ter, buscando arrimo, e por isso sofre a constante pressão das dores alheias.

A própria vida física afigura-se-lhe um madeiro, em que o Mestre se aflige. É-lhe o corpo a cruz viva em que o Senhor se agita crucificado.

O único refúgio em que repousa é o trabalho perseverante no bem geral.

Insatisfeito, embora resignado; firme na fé, não obstante angustiado; servindo a todos, mas sozinho em si mesmo, segue, estrada afora, impelido por ocultos e indescritíveis aguilhões...

Esse é o tipo de aprendiz que o amor do Cristo constrange, na feliz expressão de Paulo. Vergasta-o a luz celeste por dentro até que abandone as zonas inferiores em definitivo.

Para o mundo, será inadaptado e louco.

Para Jesus, é o vaso das bênçãos.

A flor é uma linda promessa, onde se encontre.

O fruto maduro, porém, é alimento para Hoje.

Felizes daqueles que espalham a esperança, mas bem-aventurados sejam os seguidores do Cristo que suam e padecem, dia a dia, para que seus irmãos se reconfortem e se alimentem no Senhor!

75
Administração

Dá conta de tua administração.
JESUS (*Lucas,* 16:2.)

Na essência, cada homem é servidor pelo trabalho que realiza na obra do Supremo Pai, e, simultaneamente, é administrador, porquanto cada criatura humana detém possibilidades enormes no plano em que moureja.

Mordomo do mundo não é somente aquele que encanece os cabelos, à frente dos interesses coletivos, nas empresas públicas ou particulares, combatendo tricas mil, a fim de cumprir a missão a que se dedica.

Cada inteligência da Terra dará conta dos recursos que lhe foram confiados.

A fortuna e a autoridade não são valores únicos de que devemos dar conta hoje e amanhã.

O corpo é um templo sagrado.

A saúde física é um tesouro.

A oportunidade de trabalhar é uma bênção.

A possibilidade de servir é um obséquio divino.
O ensejo de aprender é uma porta libertadora.
O tempo é um patrimônio inestimável.
O lar é uma dádiva do Céu.
O amigo é um benfeitor.
A experiência benéfica é uma grande conquista.

A ocasião de viver em harmonia com o Senhor, com os semelhantes e com a Natureza é uma glória comum a todos.

A hora de ajudar os menos favorecidos de recursos ou entendimento é valiosa.

O chão para semear, a ignorância para ser instruída e a dor para ser consolada são apelos que o Céu envia sem palavras ao mundo inteiro.

Que fazes, portanto, dos talentos preciosos que repousam em teu coração, em tuas mãos e no teu caminho? Vela por tua própria tarefa no bem, diante do Eterno, porque chegará o momento em que o Poder Divino te pedirá: – "Dá conta de tua administração."

76
Fermento espiritual

Não sabeis que um pouco de fermento leveda a massa toda?
Paulo (*I Coríntios*, 5:6.)

O fermento é uma substância que excita outras substâncias, e nossa vida é sempre um fermento espiritual com que influenciamos as existências alheias.

Ninguém vive só.

Temos conosco milhares de expressões do pensamento dos outros e milhares de outras pessoas nos guardam a atuação mental, inevitavelmente.

Os raios de nossa influência entrosam-se com as emissões de quantos nos conhecem direta ou indiretamente, e pesam na balança do mundo para o bem ou para o mal.

Nossas palavras determinam palavras em quem nos ouve, e, toda vez que não formos sinceros, é provável que o interlocutor seja igualmente desleal.

Nossos modos e costumes geram modos e costumes da mesma natureza, em torno de nossos passos, mormente naqueles que se situam em posição inferior à nossa, nos círculos da experiência e do conhecimento.

Nossas atitudes e atos criam atitudes e atos do mesmo teor, em quantos nos rodeiam, porquanto aquilo que fazemos atinge o domínio da observação alheia, interferindo no centro de elaboração das forças mentais de nossos semelhantes.

O único processo, portanto, de reformar edificando é aceitar as sugestões do bem e praticá-las intensivamente, por intermédio de nossas ações.

Nas origens de nossas determinações, porém, reside a ideia.

A mente, em razão disso, é a sede de nossa atuação pessoal, onde estivermos.

Pensamento é fermentação espiritual. Em primeiro lugar estabelece atitudes, em segundo gera hábitos e, depois, governa expressões e palavras, através das quais a individualidade influencia na vida e no mundo. Regenerado, pois, o pensamento de um homem, o caminho que o conduz ao Senhor se lhe revela reto e limpo.

77
Pai-Nosso

Pai nosso [...].
Jesus (*Mateus*, 6:9.)

A grandeza da prece dominical nunca será devidamente compreendida por nós que lhe recebemos as lições divinas.

Cada palavra, dentro dela, tem a fulguração de sublime luz.

De início, o Mestre Divino lança-lhe os fundamentos em Deus, ensinando que o Supremo Doador da Vida deve constituir, para nós todos, o princípio e a finalidade de nossas tarefas.

É necessário começar e continuar em Deus, associando nossos impulsos ao plano divino, a fim de que nosso trabalho não se perca no movimento ruinoso ou inútil.

O Espírito Universal do Pai há de presidir-nos o mais humilde esforço, na ação de pensar e falar, ensinar e fazer.

Em seguida, com um simples adjetivo possessivo, o Mestre exalta a comunidade.

Depois de Deus, a Humanidade será o tema fundamental de nossas vidas.

Compreenderemos as necessidades e as aflições, os males e as lutas de todos os que nos cercam ou estaremos segregados no egoísmo primitivista.

Todos os triunfos e fracassos que iluminam e obscurecem a Terra pertencem-nos, de algum modo.

Os soluços de um hemisfério repercutem no outro.

A dor do vizinho é uma advertência para a nossa casa.

O erro de um irmão, examinado nos fundamentos, é igualmente nosso, porque somos componentes imperfeitos de uma sociedade menos perfeita, gerando causas perigosas e, por isso, tragédias e falhas dos outros afetam-nos por dentro.

Quando entendemos semelhante realidade, o "império do eu" passa a incorporar-se por célula bendita à vida santificante.

Sem amor a Deus e à Humanidade, não estamos suficientemente seguros na oração.

Pai nosso [...] – disse Jesus para começar.

Pai do Universo... Nosso mundo...

Sem nos associarmos aos propósitos do Pai, na pequenina tarefa que nos foi permitido executar, nossa prece será, muitas vezes, simples repetição do "eu quero", invariavelmente cheio de desejos, mas quase sempre vazio de sensatez e de amor.

78
Enxertia divina

*Se não permanecerem na incredulidade, serão enxertados;
porque poderoso é Deus para os tornar a enxertar.*
PAULO (*Romanos*, 11:23.)

Toda criatura, em verdade, é uma planta espiritual, objeto de minucioso cuidado por parte do Divino Semeador.

Cada homem, qual ocorre ao vegetal, apresenta diferenciados períodos na existência.

Sementeira, germinação, adubação, desenvolvimento, utilidade, florescência, frutificação, colheita...

Nas vésperas do fruto, desvela-se o pomicultor, com mais carinho, pelo aprimoramento da árvore.

É imprescindível haja fartura e proveito.

Na luta espiritual, em identidade de circunstâncias, o Senhor adota iguais normas para conosco.

Atingindo o conhecimento, a razão e a experiência, o Pomicultor Celeste nos confere preciosos recursos de enxertia espiritual, com vistas à nossa sublimação para a Vida Eterna.

A cada novo dia de tua experiência humana, recebes valioso concurso para que os resultados da presente encarnação te enriqueçam de luz divina pela felicidade que transmites aos outros. És, contudo, uma "árvore consciente", com independência para aceitar ou não os elementos renovadores, com liberdade para registar[7] a bênção ou desprezá-la.

Repara, atentamente, quantas vezes te convoca o Sublime Semeador ao engrandecimento de ti mesmo.

A enxertia do Alto procura-nos através de mil modos.

Hoje, é na palestra edificante de um companheiro.

Amanhã, será num livro amigo.

Depois, virá por intermédio de uma dádiva aparentemente insignificante da senda.

Se guardas, pois, o propósito de elevação, aproveita a contribuição do Céu, iluminando e santificando o templo íntimo. Mas, se a incredulidade por enquanto te isola a mente, enovelando-te as forças no carretel do egoísmo, o enxerto de sublimação te buscará debalde, porque ainda não produzes, nos recessos do espírito, a seiva que favorece a Vida Abundante.

---

[7] N.E.: Ver nota no capítulo 5.

79
Sigamos a Paz

Busque a paz e siga-a.
(I Pedro, 3:11.)

Há muita gente que busca a paz; raras pessoas, porém, tentam segui-la.

Companheiros existem que desejam a tranquilidade por todos os meios e suspiram por ela, situando-a em diversas posições da vida; contudo, expulsam-na de si mesmos, tão logo lhes confere o Senhor as dádivas solicitadas.

Esse pede a fortuna material, acreditando seja a portadora da paz ambicionada, todavia, com o aparecimento do dinheiro farto, tortura-se em mil problemas, por não saber distribuir, ajudar, administrar e gastar com simplicidade.

Outro roga a bênção do casamento, mas, quando o Céu lha concede, não sabe ser irmão da companheira que o Pai lhe confiou, perdendo-se através das exasperações de toda sorte.

Outro, ainda, reclama títulos especiais de confiança em expressivas tarefas de utilidade pública, mas, em se vendo honrado com a popularidade e com a expectativa de muitos, repele as bênçãos do trabalho e recua espavorido.

Paz não é indolência do corpo. É saúde e alegria do espírito.

Se é verdade que toda criatura a busca, a seu modo, é imperioso reconhecer, no entanto, que a paz legítima resulta do equilíbrio entre os nossos desejos e os propósitos do Senhor, na posição em que nos encontramos.

Recebido o trabalho que a Confiança Celeste nos permite efetuar, é imprescindível saibamos usar a oportunidade em favor de nossa elevação e aprimoramento.

Disse Pedro: – "Busque a paz e siga-a."

Todavia, não existe tranquilidade real sem Cristo em nós, dentro de qualquer situação em que estejamos situados, e a fórmula de integração da nossa alma com Jesus é invariável: – "Negue cada um a si mesmo, tome a sua cruz e siga-me." Sem essa adaptação do nosso esforço de aprendizes humanos ao impulso renovador do Mestre Divino, ao invés de paz, teremos sempre renovada guerra, dentro do coração.

80
Corações cevados

Cevastes os vossos corações, como num dia de matança.
(Tiago, 5:5.)

Pela prosperidade e aperfeiçoamento do mundo, trabalha o Sol, que é a suprema expressão da Divindade Vital no firmamento terrestre.

Colabora o verme na intimidade do solo, preparando ninho adequado às sementes.

Contribui a aragem, permutando o pólen das flores.

Esforça-se a água, incessantemente, entretendo a vida física e purificando-a.

Serve a árvore, florindo, frutificando e regenerando a atmosfera.

Coopera o animal, ajudando as realizações humanas, suando e morrendo para que haja vida normal no domínio da inteligência superior.

Indefectível Lei de Trabalho rege o Universo.

O movimento e a ordem, na constância dos benefícios, constituem-lhe as características essenciais.

Há, porém, milhões de pessoas que se sentem exoneradas da glória de servir.

Para semelhantes criaturas, em cujo cérebro a razão dorme embotada e vazia, trabalho significa degredo e humilhação, inferno e sofrimento. Perseguem as facilidades delituosas, com o mesmo instinto de novidade da mosca em busca de detritos. Conseguida a solução de ordem inferior que buscavam, circunscrevem as horas e as possibilidades ao desenfreado apego de si mesmas, imitando o poço de águas estagnadas que se envenena facilmente.

No fundo, são "corações cevados", de acordo com a feliz expressão do apóstolo. Criam teias densas de ódio e egoísmo, indiferença e vaidade, orgulho e indolência sobre si próprios, e gravitam para baixo. Descendo, descendo, pelas pesadas vibrações a que se acolhem, rolam vagarosamente para o seio das vidas inferiores, onde é natural que encontrem a exigência de muitos, que se aproveitam deles, à maneira do homem comum que se vale dos animais gordos para a matança.

81
A candeia viva

Ninguém acende a candeia e a coloca debaixo do módio, mas no velador, e assim alumia a todos os que estão na casa.
JESUS (*Mateus*, 5:15.)

Muitos aprendizes interpretaram semelhantes palavras do Mestre como apelo à pregação sistemática, e desvairaram-se através de veementes discursos em toda a parte. Outros admitiram que o Senhor lhes impunha a obrigação de violentar os vizinhos, através de propaganda compulsória da crença, segundo o ponto de vista que lhes é particular.

Em verdade o sermão edificante e o auxílio fraterno são indispensáveis na extensão dos benefícios divinos da fé.

Sem a palavra, é quase impossível a distribuição do conhecimento. Sem o amparo irmão, a fraternidade não se concretizará no mundo.

A assertiva de Jesus, todavia, atinge mais além.

Atentemos para o símbolo da candeia. A claridade na lâmpada consome força ou combustível.

Sem o sacrifício da energia ou do óleo não há luz.

Para nós, aqui, o material de manutenção é a possibilidade, o recurso, a vida.

Nossa existência é a candeia viva.

É um erro lamentável despender nossas forças, sem proveito para ninguém, sob a medida de nosso egoísmo, de nossa vaidade ou de nossa limitação pessoal.

Coloquemos nossas possibilidades ao dispor dos semelhantes.

Ninguém deve amealhar as vantagens da experiência terrestre somente para si. Cada espírito provisoriamente encarnado, no círculo humano, goza de imensas prerrogativas, quanto à difusão do bem, se persevera na observância do Amor Universal.

Prega, pois, as revelações do Alto, fazendo-as mais formosas e brilhantes em teus lábios; insta com parentes e amigos para que aceitem as verdades imperecíveis; mas, não olvides que a candeia viva da iluminação espiritual é a perfeita imagem de ti mesmo.

Transforma as tuas energias em bondade e compreensão redentoras para toda gente, gastando, para isso, o óleo de tua boa vontade, na renúncia e no sacrifício, e a tua vida, em Cristo, passará realmente a brilhar.

82
Quem serve, prossegue

*O Filho do Homem não veio para
ser servido, mas para servir.*
Jesus (*Marcos*, 10:45.)

A Natureza, em toda a parte, é um laboratório divino que elege o espírito de serviço por processo normal de evolução.

Os olhos atilados observam a cooperação e o auxílio nas mais comezinhas manifestações dos reinos inferiores.

A cova serve à semente. A semente enriquecerá o homem.

O vento ajuda as flores, permutando-lhes os princípios de vida. As flores produzirão frutos abençoados.

Os rios confiam-se ao mar. O mar faz a nuvem fecundante.

Por manter a vida humana, no estágio em que se encontra, milhares de animais morrem na Terra, de hora a hora, dando carne e sangue a benefício dos homens.

Infere-se de semelhante luta que o serviço é o preço da caminhada libertadora ou santificante.

A pessoa que se habitua a ser invariavelmente servida em todas as situações, não sabe agir sozinha em situação alguma.

A criatura que serve pelo prazer de ser útil progride sempre e encontra mil recursos dentro de si mesma, na solução de todos os problemas.

A primeira cristaliza-se.

A segunda desenvolve-se.

Quem reclama excessivamente dos outros, por não estimar a movimentação própria na satisfação de necessidades comuns, acaba por escravizar-se aos servidores, estragando o dia quando não encontra alguém que lhe ponha a mesa. Quem aprende a servir, contudo, sabe reduzir todos os embaraços da senda, descobrindo trilhos novos.

Aprendiz do Evangelho que não improvisa a alegria de auxiliar os semelhantes permanece muito longe do verdadeiro discipulado, porquanto o companheiro fiel da Boa-Nova está informado de que Jesus veio para servir, e desvela-se, a benefício de todos, até o fim da luta.

Se há mais alegria em dar que em receber, há mais felicidade em servir que em ser servido.

Quem serve, prossegue...

83
Avancemos além

Pelo que, deixando os rudimentos da doutrina do Cristo, prossigamos até a perfeição, não lançando de novo o fundamento do arrependimento de obras mortas.
Paulo (*Hebreus*, 6:1.)

Aceitar o poder de Jesus, guardar certeza da própria ressurreição além da morte, reconfortar-se ante os benefícios da crença, constituem fase rudimentar no aprendizado do Evangelho.

Praticar as lições recebidas, afeiçoando a elas nossas experiências pessoais de cada dia, representa o curso vivo e santificante.

O aluno que não se retira dos exercícios no alfabeto nunca penetra o luminoso domínio mental dos grandes mestres.

Não basta situar nossa alma no pórtico do templo e aí dobrar os joelhos reverentemente; é imprescindível regressar aos caminhos vulgares e concretizar, em nós mesmos, os princípios da fé redentora, sublimando a vida comum.

Que dizer do operário que somente visitasse a porta de sua oficina, louvando-lhe a grandeza, sem, contudo, dedicar-se ao trabalho que ela reclama? que dizer do navio admiravelmente equipado, que vivesse indefinidamente na praia sem navegar?

Existem milhares de crentes da Boa-Nova nessa lastimável posição de estacionamento. São quase sempre pessoas corretas em todos os rudimentos da doutrina do Cristo. Creem, adoram e consolam-se, irrepreensivelmente; todavia, não marcham para diante, no sentido de se tornarem mais sábias e mais nobres. Não sabem agir, nem lutar e nem sofrer, em se vendo sozinhas, sob o ponto de vista humano.

Precavendo-se contra semelhantes males, afirmou Paulo, com profundo acerto: – "Deixando os rudimentos da doutrina de Jesus, prossigamos até a perfeição, abstendo-nos de repetir muitos arrependimentos, porque então não passaremos de autores de obras mortas."

Evitemos, assim, a posição do aluno que estuda... e jamais se harmoniza com a lição, recordando também que se o arrependimento é útil, de quando em quando, o arrepender-se a toda hora é sinal de teimosia e viciação.

84
Na instrumentalidade

*Como se conhecerá o que se toca com
a flauta ou com a cítara?*
Paulo (*I Coríntios*, 14:7.)

Cada companheiro de serviço cristão deveria considerar-se instrumento nas mãos do Divino Mestre, a fim de que a sublime harmonia do Evangelho se faça irrepreensível para a vitória completa do bem.

Todavia, se a ilimitada sabedoria do Celeste Emissor se mantém soberana e perfeita, os receptores terrenos pecam por deficiências lamentáveis.

Esse tem fé, mas não sabe tolerar as lacunas do próximo.

Aquele suporta cristãmente as fraquezas do vizinho, contudo não possui energia nem mesmo para governar os próprios impulsos.

Aquele outro é bondoso e confiante, mas foge ao estudo e à meditação, favorecendo a ignorância.

Outro, ainda, é imaginoso e entusiasta, entretanto, escapa sutilmente ao esforço dos braços.

Um é conselheiro excelente, no entanto, não santifica os próprios atos.

Outro retém brilhante verbo na pregação doutrinária, todavia, é apaixonado cultor de anedotas menos dignas com que desfigura o respeito à revelação de que é portador.

Esse estima a castidade do corpo, mas desvaira-se pela aquisição de dinheiro fácil.

Outro, mais além, conseguiu desprender-se das posses de ouro e terra, casa e moinho, mas cultiva verdadeiro incêndio na carne.

É indiscutível a nossa imperfeição de seguidores da Boa-Nova.

Por isso mesmo, guardamos o título de aprendizes.

O planeta não é o paraíso terminado e achamo-nos, por nossa vez, muito distantes da angelitude.

Todavia, obedecendo ou administrando, ensinando ou combatendo, é indispensável afinar o nosso instrumento de serviço pelo diapasão do Mestre, se não desejamos prejudicar-lhe as obras.

Evitemos a execução insegura, indistinta ou perturbadora, oferecendo-lhe plena boa vontade na tarefa que nos cabe, e o Reino Divino se manifestará mais rapidamente onde estivermos.

85
Impedimentos

Deixemos todo impedimento e pecado que tão de perto nos rodeiam e corramos com perseverança a carreira que nos está proposta.
Paulo (*Hebreus,* 12:1.)

O grande apóstolo da gentilidade figura o trabalho cristão como sendo uma carreira da alma, no estádio largo da vida.

Paulo, naturalmente, em recorrendo a essa imagem, pensava nos jogos gregos de sua época, e, sem nos referirmos ao entusiasmo e à emulação benéfica que devem presidir semelhante esforço, recordemos tão somente o ato inicial dos competidores.

Cada participante do prélio despia a roupagem exterior para disputar a partida com indumentária tão leve quanto possível.

Assim, também, na aquisição de Vida Eterna, é imprescindível nos desfaçamos da indumentária asfixiante do espírito.

É necessário que o coração se faça leve, alijando todo fardo inútil.

Na claridade da Boa-Nova, o discípulo encontra-se à frente do Mestre, investido de obrigações santificantes para com todas as criaturas.

As inibições contra a carreira vitoriosa costumam aparecer todos os dias. Temo-las, com frequência, nos mais insignificantes passos do caminho.

A cada hora surge o impedimento inesperado.

É o parente frio e incompreensivo.

A secura dos corações ao redor de nós.

O companheiro que desertou.

A mulher que desapareceu, perseguindo objetivos inferiores.

O amigo que se iludiu nas ilhas de repouso, deliberando atrasar a jornada.

O cooperador que a morte levou consigo.

O ódio gratuito.

A indiferença aos apelos do bem.

A perseguição da maldade.

A tormenta da discórdia.

A Boa-Nova, porém, oferece ao cristão a conquista da glória divina.

Se quisermos alcançar a meta, ponhamos de lado todo impedimento e corramos, com perseverança, na prova de amor e luz que nos está proposta.

86
Estás doente?

E a oração da fé salvará o doente, e o Senhor o levantará.
(Tiago, 5:15.)

Todas as criaturas humanas adoecem, todavia são raros aqueles que cogitam de cura real.

Se te encontras enfermo, não acredites que a ação medicamentosa, através da boca ou dos poros, te possa restaurar integralmente.

O comprimido ajuda, a injeção melhora, entretanto, nunca te esqueças de que os verdadeiros males procedem do coração.

A mente é fonte criadora.

A vida, pouco a pouco, plasma em torno de teus passos aquilo que desejas.

De que vale a medicação exterior, se prossegues triste, acabrunhado ou insubmisso?

De outras vezes, pedes o socorro de médicos humanos ou de benfeitores espirituais, mas, ao surgirem as primeiras melhoras, abandonas o remédio ou o conselho salutar e voltas aos mesmos abusos que te conduziram à enfermidade.

Como regenerar a saúde, se perdes longas horas na posição da cólera ou do desânimo? A indignação rara, quando justa e construtiva no interesse geral, é sempre um bem, quando sabemos orientá-la em serviços de elevação; contudo, a indignação diária, a propósito de tudo, de todos e de nós mesmos, é um hábito pernicioso, de consequências imprevisíveis.

O desalento, por sua vez, é clima anestesiante, que entorpece e destrói.

E que falar da maledicência ou da inutilidade, com as quais despendes tempo valioso e longo em conversação infrutífera, extinguindo as tuas forças?

Que gênio milagroso te doará o equilíbrio orgânico, se não sabes calar, nem desculpar, se não ajudas, nem compreendes, se não te humilhas para os desígnios superiores, nem procuras harmonia com os homens?

Por mais se apressem socorristas da Terra e do Plano Espiritual, em teu favor, devoras as próprias energias, vítima imprevidente do suicídio indireto.

Se estás doente, meu amigo, acima de qualquer medicação, aprende a orar e a entender, a auxiliar e a preparar o coração para a Grande Mudança.

Desapega-te de bens transitórios que te foram emprestados pelo Poder Divino, de acordo com a lei do uso, e lembra-te de que serás, agora ou depois, reconduzido à

Vida Maior, onde encontramos sempre a própria consciência.

Foge à brutalidade.

Enriquece os teus fatores de simpatia pessoal, pela prática do amor fraterno.

Busca a intimidade com a sabedoria, pelo estudo e pela meditação.

Não manches teu caminho.

Serve sempre.

Trabalha na extensão do bem.

Guarda lealdade ao ideal superior que te ilumina o coração e permanece convicto de que, se cultivas a oração da fé viva, em todos os teus passos, aqui ou além, o Senhor te levantará.

87
Recebeste a luz?

Recebestes o Espírito Santo quando crestes?
(Atos, 19:2.)

O católico recolhe o sacramento do batismo e ganha um selo para identificação pessoal na estatística da Igreja a que pertence.

O reformista das letras evangélicas entra no mesmo cerimonial e conquista um número no cadastro religioso do templo a que se filia.

O espiritista incorpora-se a essa ou àquela entidade consagrada à nossa Doutrina Consoladora e participa verbalmente do trabalho renovador.

Todos esses aprendizes da escola cristã se reconfortam e se rejubilam.

Uns partilham o contentamento da mesa eucarística que lhes aviva a esperança no Céu; outros cantam, em conjunto, exaltando a Divina Bondade, aliciando largo material de estímulo na jornada santificante; outros, ainda, se reúnem, ao redor da prece ardente, e recebem mensagens luminosas e reveladoras de emissários celestiais, que lhes consolidam a convicção na imortalidade, além...

Todas essas posições, contudo, são de proveito, consolação e vantagem.

É imperioso reconhecer, porém, que se a semente é auxiliada pela adubação, pela água e pelo sol, é obrigada a trabalhar, dentro de si mesma, a fim de produzir.

Medita, pois, na sublimidade da indagação apostólica: — "Recebeste o Espírito Santo quando creste?"

Vale-te da revelação com que a fé te beneficia e santifica o teu caminho, espalhando o bem.

Tua vida pode converter-se num manancial de bênçãos para os outros e para tua alma, se te aplicares, em verdade, ao Mestre do Amor. Lembra-te de que não és tu quem espera pela Divina Luz. É a Divina Luz, força do Céu ao teu lado, que permanece esperando por ti.

88
Caindo em si

Caindo, porém, em si [...].
(*Lucas*, 15:17.)

Este pequeno trecho da Parábola do Filho Pródigo desperta valiosas considerações em torno da vida.

Judas sonhou com o domínio político do Evangelho, interessado na transformação compulsória das criaturas; contudo, quando caiu em si, era demasiado tarde, porque o Divino Amigo fora entregue a juízes cruéis.

Outras personagens da Boa-Nova, porém, tornaram a si, a tempo de realizarem salvadora retificação.

Maria de Magdala pusera a vida íntima nas mãos de gênios perversos, todavia, caindo em si, sob a influência do Cristo, observa o tempo perdido e conquista a mais elevada dignidade espiritual, por intermédio da humildade e da renunciação.

Pedro, intimidado ante as ameaças de perseguição e sofrimento, nega o Mestre Divino; entretanto, caindo em si, ao se lhe deparar o olhar compassivo de Jesus, chora amargamente e avança, resoluto, para a sua reabilitação no apostolado.

Paulo confia-se a desvairada paixão contra o Cristianismo e persegue, furioso, todas as manifestações do Evangelho nascente; no entanto, caindo em si, perante o chamado sublime do Senhor, penitencia-se dos seus erros e converte-se num dos mais brilhantes colaboradores do triunfo cristão.

Há grande massa de crentes de todos os matizes, nas mais diversas linhas da fé, todavia, reinam entre eles a perturbação e a dúvida, porque vivem mergulhados nas interpretações puramente verbalistas da revelação celeste, em gozos fantasistas, em mentiras da hora carnal ou imantados à casca da vida a que se prendem desavisados. Para eles, a alegria é o interesse imediatista satisfeito e a paz é a sensação passageira de bem-estar do corpo de carne, sem dor alguma, a fim de que possam comer e beber sem impedimento.

Cai, contudo, em ti mesmo, sob a bênção de Jesus e, transferindo-te, então, da inércia para o trabalho incessante pela tua redenção, observarás, surpreendido, como a vida é diferente.

89
Em nossa marcha

Perguntou-lhe Jesus: – Que queres que eu faça?
(*Marcos*, 10:51.)

Cada aprendiz em sua lição.
Cada trabalhador na tarefa que lhe foi cometida.
Cada vaso em sua utilidade.
Cada lutador com a prova necessária.
Assim, cada um de nós tem o testemunho individual no caminho da vida.

Por vezes, falhamos aos compromissos assumidos e nos endividamos infinitamente. No serviço reparador, todavia, clamamos pela misericórdia do Senhor, rogando-lhe compaixão e socorro.

A pergunta endereçada pelo Mestre ao cego de Jericó é, porém, bastante expressiva.

"Que queres que eu faça?"

A indagação deixa perceber que a posição melindrosa do interessado se ajustava aos imperativos da Lei.

Nada ocorre à revelia dos Divinos Desígnios.

Bartimeu, o cego, soube responder, solicitando visão. Entretanto, quanta gente roga acesso à presença do Salvador e, quando por Ele interpelada, responde em prejuízo próprio?

Lembremo-nos de que, por vezes, perdemos a casa terrestre a fim de aprendermos o caminho da casa celeste; em muitas ocasiões, somos abandonados pelos mais agradáveis laços humanos, de maneira a retornarmos aos vínculos divinos; há épocas em que as feridas do corpo são chamadas a curar as chagas da alma, e situações em que a paralisia ensina a preciosidade do movimento.

É natural peçamos o auxílio do Mestre em nossas dificuldades e dissabores; entrementes, não nos esqueçamos de trabalhar pelo bem, nas mais aflitivas passagens da retificação e da ascensão, convictos de que nos encontramos invariavelmente na mais justa e proveitosa oportunidade de trabalho que merecemos, e que talvez não saibamos, de pronto, escolher outra melhor.

90
Varonilmente

Vigiai, estai firmes na fé,
portai-vos varonilmente, sede fortes.
Paulo (*I Coríntios*, 16:13.)

Vigiai na luta comum.

Permanecei firmes na fé, ante a tempestade.

Portai-vos varonilmente em todos os lances difíceis.

Sede fortes na dor, para guardar-lhe a lição de luz.

Reveste-se o conselho de Paulo aos coríntios, ainda hoje, de surpreendente oportunidade.

Para conquistarmos os valores substanciais da redenção, é imprescindível conservar a fortaleza de ânimo de quem confia no Senhor e em si mesmo.

Não vale a chuva de lágrimas despropositadas, ante a falta cometida.

Arrependermo-nos de qualquer gesto maligno é dever, mas pranteá-lo indefinidamente é roubar tempo ao serviço de retificação.

Certo, o mal deliberado é um crime, todavia, o erro impensado é ensinamento valioso, sempre que o homem se inclina aos desígnios do Senhor.

Sem resistência moral, no turbilhão de conflitos purificadores, o coração mais nobre se despedaça.

Não nos cabe, portanto, repousar no serviço de elevação.

É natural que venhamos a tropeçar muitas vezes.

É compreensível que nos firamos frequentemente nos espinhos da senda.

Lastimável, contudo, será a nossa situação toda vez que exigirmos rede macia de consolações indébitas, interrompendo a marcha para o Alto.

O cristão não é aprendiz de repouso falso. Discípulo de um Mestre que serviu sem acepção de pessoas até à cruz, compete-lhe trabalhar na sementeira e na seara do Infinito Bem, vigiando, ajudando e agindo varonilmente.

91
Problemas do Amor

*[...] que vosso amor cresça cada vez mais no pleno
conhecimento e em todo o discernimento.*
Paulo (*Filipenses,* 1:9.)

O amor é a força divina do Universo.

É imprescindível, porém, muita vigilância para que não a desviemos na justa aplicação.

Quando um homem se devota, de maneira absoluta, aos seus cofres perecíveis, essa energia, no coração dele, denomina-se "avareza"; quando se atormenta, de modo exclusivo, pela defesa do que possui, julgando-se o centro da vida, no lugar em que se encontra, essa mesma força converte-se nele em "egoísmo"; quando só vê motivos para louvar o que representa, o que sente e o que faz, com manifesto desrespeito pelos valores alheios, o sentimento que predomina em sua órbita chama-se "inveja".

Paulo, escrevendo à amorosa comunidade filipense, formula indicação de elevado alcance. Assegura que "o amor deve crescer, cada vez mais, no conhecimento e no discernimento, a fim de que o aprendiz possa aprovar as coisas que são excelentes".

Instruamo-nos, pois, para conhecer.

Eduquemo-nos para discernir.

Cultura intelectual e aprimoramento moral são imperativos da vida, possibilitando-nos a manifestação do amor, no império da sublimação que nos aproxima de Deus.

Atendamos ao conselho apostólico e cresçamos em valores espirituais para a eternidade, porque, muitas vezes, o nosso amor é simplesmente querer e tão somente com o "querer" é possível desfigurar, impensadamente, os mais belos quadros da vida.

92
Demonstrações do Céu

*Disseram-lhe, pois: Que sinal fazes Tu para
que o vejamos, e creiamos em ti?*
(João, 6:30.)

Em todos os tempos, quando alguém na Terra se refere às coisas do Céu, verdadeira multidão de indagadores se adianta pedindo demonstrações objetivas das verdades anunciadas.

Assim é que os médiuns modernos são constantemente assediados pelas exigências de quantos se colocam à procura da vida espiritual.

Esse é vidente e deve dar provas daquilo que identifica.

Aquele escreve em condições supranormais e é constrangido a fornecer testemunho das fontes de sua inspiração.

Aquele outro materializa os desencarnados, e, por isso, é convocado ao teste público.

Todavia, muita gente se esquece de que todas as criaturas do Senhor exteriorizam os sinais que lhes dizem respeito.

O mineral é reconhecido pela utilidade.

A árvore é selecionada pelos frutos.

O firmamento espalha mensagens de luz.

A água dá notícias do seu trabalho incessante.

O ar esparge informações, sem palavras, do seu poder na manutenção da vida.

E entre os homens prevalecem os mesmos imperativos.

Cada irmão de luta é examinado pelas suas características.

O tolo dá-se a conhecer pelas puerilidades.

O entendido revela mostras de prudência.

O melhor demonstra as virtudes que lhe são peculiares.

Desse modo, o aprendiz do Evangelho, ao solicitar revelações do Céu para a jornada da Terra, não deve olvidar as necessidades de revelar-se firmemente disposto a caminhar para o Céu.

Houve dia em que a turba vulgar dirigiu-se ao próprio Salvador que a beneficiava, perguntando: – "Que sinal fazes Tu para que o vejamos, e creiamos em ti?"

Imagina, pois, que, se ao Senhor da Vida foi dirigida semelhante interrogativa, que indagação não se fará do Alto a nós outros, toda vez que rogarmos sinais do Céu, a fim de atendermos ao nosso simples dever?

93
Altar íntimo

Temos um altar.
Paulo (*Hebreus*, 13:10.)

Até agora, construímos altares em toda a parte, reverenciando o Mestre e Senhor.

De ouro, de mármore, de madeira, de barro, recamados de perfumes, preciosidades e flores, erguemos santuários e convocamos o concurso da arte para os retoques de iluminação artificial e beleza exterior.

Materializado o monumento da fé, ajoelhamo-nos em atitude de prece e procuramos a inspiração divina.

Realmente, toda movimentação nesse sentido é respeitável, ainda mesmo quando cometemos o erro comum de esquecer os famintos da estrada, em favor das suntuosidades do culto, porque o amor e a gratidão ao Poder Celeste, mesmo quando malconduzidos, merecem veneração.

Todavia, é imprescindível crescer para a vida maior.

O próprio Mestre nos advertiu, junto à Samaritana, que tempos viriam em que o Pai seria adorado em espírito e verdade.

E Paulo acrescenta que temos um altar.

A finalidade máxima dos templos de pedra é a de despertar-nos a consciência.

O cristão acordado, porém, caminha oficiando como sacerdote de si mesmo, glorificando o amor perante o ódio, a paz diante da discórdia, a serenidade à frente da perturbação, o bem à vista do mal...

Não olvidemos, pois, o altar íntimo que nos cabe consagrar ao Divino Poder e à Celeste Bondade.

Comparecer, ante os altares de pedra, de alma cerrada à luz e à inspiração do Mestre, é o mesmo que lançar um cofre impermeável de trevas à plena claridade solar. Se as ondas luminosas continuam sendo ondas luminosas, as sombras não se alteram igualmente.

Apresentemos, portanto, ao Senhor as nossas oferendas e sacrifícios em quotas abençoadas de amor ao próximo, adorando-o, através do altar do coração, e prossigamos no trabalho que nos cabe realizar.

94
Capacete da Esperança

Tendo por capacete a esperança na salvação.
Paulo (*I Tessalonicenses*, 5:8.)

O Capacete é a defesa da cabeça em que a vida situa a sede de manifestação do pensamento e Paulo não podia lembrar outro símbolo mais adequado à vestidura do cérebro cristão, além do capacete da esperança na salvação.

Se o sentimento, muitas vezes, está sujeito aos ataques da cólera violenta, o raciocínio, em muitas ocasiões, sofre o assédio do desânimo, à frente da luta pela vitória do bem, que não pode esmorecer em tempo algum.

Raios anestesiantes são desfechados sobre o ânimo dos aprendizes por todas as forças contrárias ao Evangelho salvador.

A exigência de todos e a indiferença de muitos procuram cristalizar a energia do discípulo, dispersando-lhe os impulsos nobres ou neutralizando-lhe os ideais de renovação.

Contudo, é imprescindível esperar sempre o desenvolvimento dos princípios latentes do bem, ainda mesmo quando o mal transitório estenda raízes em todas as direções.

É necessário esperar o fortalecimento do fraco, à maneira do lavrador que não perde a confiança nos grelos tenros; aguardar a alegria e a coragem dos tristes, com a mesma expectativa do floricultor que conta com revelações de perfume e beleza no jardim cheio de ramos nus.

É imperioso reconhecer, todavia, que a serenidade do cristão nunca representa atitude inoperante, por agir e melhorar continuadamente pessoas, coisas e situações, em todas as particularidades do caminho.

Por isso mesmo, talvez, o apóstolo não se refere à touca protetora.

Chapéu, quase sempre, indica passeio, descanso, lazer, quando não defina convenção no traje exterior, de acordo com a moda estabelecida.

Capacete, porém, é indumentária de luta, esforço, defensiva.

E o discípulo de Jesus é um combatente efetivo contra o mal, que não dispõe de muito tempo para cogitar de si mesmo, nem pode exigir demasiado repouso, quando sabe que o próprio Mestre permanece em trabalho ativo e edificante.

Resguardemos, pois, o nosso pensamento com o capacete da esperança fiel e prossigamos para a vitória suprema do bem.

95
Vê e segue

Uma coisa sei: eu era cego e agora vejo.
(João, 9:25.)

Apesar de o trabalho renovador do Evangelho, nos círculos da consolação e da pregação, desdobrar-se, diante das massas, semeando milagres de reconforto na alma do povo, o serviço sutil e quase desconhecido do aproveitamento da Boa-Nova é sempre individual e intransferível.

Os aprendizes da vida cristã, na atividade vulgar do caminho, desfrutam do conceito de normalidade, mas se não gozam de vantagens observáveis no imediatismo da experiência humana, quais sejam as da consolação, do estímulo ou da prosperidade material, de maneira a gravarem o ensinamento vivo de Jesus, nas próprias vidas, passam à categoria de pessoas estranhas, muita vez ante os próprios companheiros de ministério.

Chegado a semelhante posição, e se sabe aproveitar a sublime oportunidade pela submissão e diligência, o discípulo experimenta completa transposição de plano.

Modifica a tabela de valores que o rodeiam.

Sabe onde se ocultam os fundamentos eternos.

Descortina esferas novas de luta, através da visão interior que outros não compreendem.

Descobre diferentes motivos de elevação, por intermédio do sacrifício pessoal, e identifica fontes mais altas de incentivo ao esforço próprio.

Em vista disso, frequentemente provoca discussões acesas, com respeito à atitude que adota à frente de Jesus.

Por ver, com mais clareza, as instruções reveladas pelo Mestre, é tido à conta de fanático ou retrógrado, idiota ou louco.

Se, porém, procuras efetivamente a redenção com o Senhor, prossegue seguro de ti mesmo; repara, sem aflição e sem desânimo, as contendas que a ação genuína de Jesus em ti recebe de corações incompreensivos e estacionários, repete as palavras do cego que alcançou a visão e segue para diante.

96
Além dos outros

Não fazem os publicanos também o mesmo?
Jesus (*Mateus*, 5:46.)

Trabalhar no horário comum irrepreensivelmente, cuidar dos deveres domésticos, satisfazer exigências legais e exercitar a correção de proceder, fazendo o bastante na esfera das obrigações inadiáveis, são tarefas peculiares a crentes e descrentes na senda diária.

Jesus, contudo, espera algo mais do discípulo.

Correspondes aos impositivos do trabalho diuturno, criando coragem, alegria e estímulo, em derredor de ti?

Sabes improvisar o bem, onde outras pessoas se mostraram infrutíferas?

Aproveitas, com êxito, o material que outrem desprezou por imprestável?

Aguardas, com paciência, onde outros desesperaram?

Na posição de crente, conservas o espírito de serviço, onde o descrente congelou o espírito de ação?

Partilhas a alegria de teus amigos, sem inveja e sem ciúme, e participas do sofrimento de teus adversários, sem falsa superioridade e sem alarde?

Que dás de ti mesmo no ministério da caridade?

Garantir o continuísmo da espécie, revelar utilidade geral e adaptar-se aos movimentos da vida são característicos dos próprios irracionais.

O homem vulgar, de muitos milênios para cá, vem comendo e bebendo, dormindo e agindo sem diferenças fundamentais, na ordem coletiva. De vinte séculos a esta parte, todavia, abençoada luz resplandece na Terra com os ensinamentos do Cristo, convidando-nos a escalar os cimos da espiritualidade superior. Nem todos a percebem, ainda, não obstante envolver a todos. Mas, para quantos se felicitam em suas bênçãos extraordinárias, surge o desafio do Mestre, indagando sobre o que de extraordinário estamos fazendo.

97
A palavra da Cruz

Porque a palavra da cruz é loucura para os que perecem, mas para nós que somos salvos é o poder de Deus.
Paulo (*I Coríntios*, 1:18.)

A mensagem da cruz é dolorosa em todos os tempos.

Do Calvário desceu para o mundo uma voz, a princípio desagradável e incompreensível.

No martirológio do Mestre situavam-se todos os argumentos de negação superficialmente absoluta.

O abandono completo dos mais amados.

A sede angustiosa.

Capitulação irremediável.

Perdão espontâneo que expressava humilhação plena.

Sarcasmo e ridículo entre ladrões.

Derrota sem defensiva.

Morte infamante.

Mas o Cristo usa o fracasso aparente para ensinar o caminho da Ressurreição Eterna, demonstrando que o "eu" nunca se dirigirá para Deus, sem o aprimoramento e sem a sublimação de si próprio.

Ainda hoje, a linguagem da cruz é loucura para os que permanecem interminavelmente no círculo de reencarnações de baixo teor espiritual; semelhantes criaturas não pretendem senão mancomunar-se com a morte, exterminando as mais belas florações do sentimento. Dominam a muitos, incapazes do próprio domínio, ajuntam tesouros que a imprudência desfaz e tecem fios escuros de paixões obcecantes em que sucumbem, vezes sem conto, à maneira da aranha encarcerada nas próprias teias.

Repitamos a mensagem da cruz ao irmão que se afoga na carne e ele nos classificará à conta de loucos, mas todos nós, que temos sido salvos de maiores quedas pelos avisos da fé renovadora, estamos informados de que, nos supremos testemunhos, segue o discípulo para o Mestre, quanto o Mestre subiu para o Pai, na glória oculta da crucificação.

98
Couraça da Caridade

Sejamos sóbrios, vestindo-nos da couraça da fé e da caridade.
Paulo (*I Tessalonicenses*, 5:8.)

Paulo foi infinitamente sábio quando aconselhou a couraça da caridade aos trabalhadores da luz.

Em favor do êxito desejável na missão de amor a que nos propomos, em companhia do Cristo, antes de tudo é indispensável preservar o coração.

E se não agasalharmos a fonte do sentimento nas vibrações do ardente amor, servidos por uma compreensão elevada nos círculos da experiência santificante em que nos debatemos na arena terrestre, é muito difícil vencer na tarefa que o Senhor nos confia.

A irritação permanente, diante da ignorância, adia as vantagens do ensino benéfico.

A indignação excessiva, perante a fraqueza, extermina os germes frágeis da virtude.

A ira frequente, no campo da luta, pode multiplicar-nos os inimigos sem qualquer proveito para a obra a que nos devotamos.

A severidade demasiada, à frente de pessoas ainda estranhas aos benefícios da disciplina, faz-se acompanhar de efeitos contraproducentes por escassez de educação do meio em que se manifesta.

Compreendendo, assim, que o cristão se acha num verdadeiro estado de luta, em que por vezes somos defrontados por sugestões da irritação intemperante, da indignação inoportuna, da ira injustificada ou da severidade destrutiva, o Apóstolo dos Gentios receitou-nos a couraça da caridade, por sentinela defensiva dos órgãos centrais de expressão da vida.

É indispensável armar o coração de infinito entendimento fraterno para atender ao ministério em que nos empenhamos.

A convicção e o entusiasmo da fé bastam para começar honrosamente, mas para continuar o serviço, e terminá-lo com êxito, ninguém poderá prescindir da caridade paciente, benigna e invencível.

99
Persiste e segue

*Portanto, tornai a levantar as mãos
cansadas e os joelhos desconjuntados.*
Paulo (*Hebreus*, 12:12.)

O lavrador desatento quase sempre escuta as sugestões do cansaço. Interrompe o serviço, em razão da tempestade, e a inundação lhe rouba a obra começada e lhe aniquila a coragem incipiente. Descansa, em virtude dos calos que a enxada lhe ofereceu, e os vermes se incumbem de anular-lhe o serviço.

Levanta as mãos, no princípio, mas não sabe "tornar a levantá-las", na continuidade da tarefa, e perde a colheita.

O viajor, por sua vez, quando invigilante, não sabe chegar convenientemente ao termo da jornada. Queixa-se da canícula e adormece na penumbra de ilusórios abrigos, onde inesperados perigos o surpreendem. De outras vezes, salienta a importância dos pés ensanguentados e deita-se às margens da senda, transformando-se em mendigo comum.

Usa os joelhos sadios, não se dispondo, todavia, a mobilizá-los quando desconjuntados e feridos, e perde a alegria de alcançar a meta na ocasião prevista.

Assim acontece conosco na jornada espiritual.

A luta é o meio.

O aprimoramento é o fim.

A desilusão amarga.

A dificuldade complica.

A ingratidão dói.

A maldade fere.

Todavia, se abandonarmos o campo do coração por não sabermos levantar as mãos, de novo, no esforço persistente, os vermes do desânimo proliferarão, precípites, no centro de nossas mais caras esperanças, e se não quisermos marchar, de joelhos desconjuntados, é possível sejamos retidos pela sombra de falsos refúgios, durante séculos consecutivos.

100

Ausentes

*Ora, Tomé, um dos doze, chamado Dídimo,
não estava com eles quando Jesus veio.*
(*João*, 20:24.)

    Tomé, descontente, reclamando provas, por não haver testemunhado a primeira visita de Jesus, depois da morte, criou um símbolo para todos os aprendizes despreocupados das suas obrigações.

    Ocorreu ao discípulo ausente o que acontece a qualquer trabalhador distante do dever que lhe cabe.

    A edificação espiritual, com as suas bênçãos de luz, é igualmente um curso educativo.

    O aluno matriculado na escola, sem assiduidade às lições, apenas abusa do estabelecimento de ensino que o acolheu, porquanto a simples ficha de entrada não soluciona o problema do aproveitamento. Sem o domínio do alfabeto, não alcançará a silabação. Sem a posse das palavras, jamais chegará à ciência da frase.

    Prevalece idêntico processo no aprimoramento do espírito.

Longe dos pequeninos deveres para com os irmãos mais próximos, como habilitar-se o homem para a recepção da graça divina? Se evita o contato com as obrigações humildes de cada dia, como dilatar os sentimentos para ajustar-se às glórias eternas?

Tomé não estava com os amigos quando o Mestre veio. Em seguida, formulou reclamações, criando o tipo do aprendiz suspeitoso e exigente.

Nos trabalhos espirituais de aperfeiçoamento, a questão é análoga.

Matricula-se o companheiro, na escola de vida superior, entretanto, ao invés de consagrar-se ao serviço das lições de cada dia, revela-se apenas mero candidato a vantagens imediatas.

Em geral, nunca se encontra ao lado dos demais servidores, quando Jesus vem; logo após, reclama e desespera.

A lógica, no entanto, jamais abandona o caminho reto.

Quem desejar a bênção divina, trabalhe por merecê-la.

O aprendiz ausente da aula não pode reclamar benefícios decorrentes da lição.

101
A cortina do "eu"

*Porque todos buscam o que é seu e
não o que é do Cristo Jesus.*
Paulo (*Filipenses*, 2:21.)

Em verdade, estudamos com o Cristo a ciência divina de ligação com o Pai, mas ainda nos achamos muito distantes da genuína comunhão com os interesses divinos.

Por trás da cortina do "eu", conservamos lamentável cegueira diante da vida.

Examinemos imparcialmente as atitudes que nos são peculiares nos próprios serviços do bem, de que somos cooperadores iniciantes, e observaremos que, mesmo aí, em assuntos da virtude, a nossa porcentagem de capricho individual é invariavelmente enorme.

A antiga lenda de Narciso permanece viva, em nossos mínimos gestos, em maior ou menor porção.

Em tudo e em toda a parte, apaixonamo-nos pela nossa própria imagem.

Nos seres mais queridos, habitualmente amamos a nós mesmos, porque, se demonstram pontos de vista diferentes dos nossos, ainda mesmo quando superiores aos princípios que esposamos, instintivamente enfraquecemos a afeição que lhes consagrávamos.

Nas obras do bem a que nos devotamos, estimamos, acima de tudo, os métodos e processos que se exteriorizam do nosso modo de ser e de entender, porquanto, se o serviço evolui ou se aperfeiçoa, refletindo o pensamento de outras personalidades acima da nossa, operamos, quase sem perceber, a diminuição do nosso interesse para com os trabalhos iniciados.

Aceitamos a colaboração alheia, mas sentimos dificuldade para oferecer o concurso que nos compete.

Se nos achamos em posição superior, doamos com alegria uma fortuna ao irmão necessitado que segue conosco em condição de subalternidade, a fim de contemplarmos com volúpia as nossas qualidades nobres no reconhecimento de longo curso a que se sente constrangido, mas raramente concedemos um sorriso de boa vontade ao companheiro mais abastado ou mais forte, posto pelos Desígnios Divinos à nossa frente.

Em todos os passos da luta humana, encontramos a virtude rodeada de vícios e o conhecimento dignificante quase sufocado pelos espinhos da ignorância, porque, infelizmente, cada um de nós, de modo geral, vive à procura do "eu mesmo".

Entretanto, graças à Bondade de Deus, o sofrimento e a morte nos surpreendem, na experiência do corpo e além dela, arrebatando-nos aos vastos continentes da meditação e da humildade, onde aprenderemos, pouco a pouco, a buscar o que pertence a Jesus Cristo, em favor da nossa verdadeira felicidade, dentro da glória de viver.

102
Regozijemo-nos sempre

Regozijai-vos sempre.
PAULO (*I Tessalonicenses*, 5:16.)

O texto evangélico não nos exorta ao júbilo somente nos dias em que nos sintamos pessoalmente felizes.

Assevera com simplicidade – "regozijai-vos sempre."

Nada existe no mundo que não possa transformar-se em respeitável motivo de trabalho, alegria e santificação.

E a própria Natureza, cada dia, exibe expressivos ensinamentos nesse particular.

Depois da tempestade que arranca raízes, mutila árvores, destrói ninhos e enlameia estradas, a sementeira reaparece, o tronco deita vergônteas novas, as aves refazem os lares suspensos e o caminho se coroa de sol.

Somente o homem, herói da inteligência, guarda consigo a carantonha do pessimismo, por tempo indeterminado, qual se fora gênio irado e desiludido, interessado em destruir o que lhe não pertence.

Ausência continuada de esperanças e de alegria na alma significa evolução deficitária.

Por toda a parte, há convites à edificação e ao aprimoramento, desafiando-nos à ação no engrandecimento comum.

Ninguém é tão infeliz que não possa produzir alguns pensamentos de bondade, nem tão pobre que não possa distribuir alguns sorrisos e boas palavras com os seus companheiros na luta cotidiana.

Tristeza de todo instante é ferrugem nas engrenagens da alma. Lamentação contumaz é ociosidade ou resistência destrutiva.

É necessário acordar o coração e atender dignamente à parte que nos compete no drama evolutivo da vida, sem ódio, sem queixa, sem desânimo.

A experiência é o que é.

Nossos companheiros são o que são.

Cada qual de nós recebe o quinhão de luta imprescindível ao aprendizado que devemos realizar. Ninguém está deserdado de oportunidades, em favor da sua melhoria.

A grande questão é obedecer a Deus, amando-o, e servir ao próximo de boa vontade. Quem solucionou semelhante problema, dentro de si mesmo, sabe que todas as criaturas e situações da senda são mensagens vivas em que podemos recolher as bênçãos do amor e da sabedoria, se aceitamos a lição que o Senhor nos oferece.

Nesse sentido, pois, não nos esqueçamos de que Paulo, o intimorato batalhador do Evangelho, sob tormentas de preocupações, encontrou recurso em si mesmo para dizer aos irmãos de luta: – "Regozijai-vos sempre."

103
Esperar e alcançar

E assim, esperando com paciência, alcançou a promessa.
Paulo (*Hebreus*, 6:15.)

A esperança de atingir a paz divina, com felicidade inalterável, vibra em todas as criaturas.

O anseio dos patriarcas da Antiguidade é análogo ao dos homens modernos.

O lar coroado de bênçãos.

O dever bem cumprido.

A consciência edificada.

O ideal superior convenientemente atendido.

O trabalho vitorioso.

A colheita feliz.

As aspirações da alma são sempre as mesmas em toda parte.

Contudo, esperar significa persistir sem cansaço, e alcançar expressa triunfar definitivamente.

Entre o objetivo e a meta, faz-se imperativo o esforço constante e inadiável.

Esperança não é inação.

E paciência traduz obstinação pacífica na obra que nos propomos realizar.

Se pretendes materializar os teus propósitos com o Cristo, guarda a fórmula da paciência como a única porta aberta para a vitória.

Há sofrimento em teus sonhos torturados? incompreensão de muitos em derredor de teus desejos? a ingratidão e a dor te visitam o espírito?

Não chores perdendo os minutos, nem maldigas a dificuldade.

Aguarda as surpresas do tempo, agindo sem precipitação.

Se cada noite é nova sombra, cada dia é nova luz.

Lembra-te de que nem todas as águas se acham no mesmo nível e nem todas as árvores são iguais no tamanho, no crescimento ou na espécie.

Recorda as palavras do Apóstolo dos Gentios.

Esperando com paciência, alcançaremos a promessa.

Não te esqueças de que o êxito seguro não é de quem o assalta, mas sim daquele que sabe agir, perseverar e esperar por ele.

104
Diante da multidão

E Jesus, vendo a multidão, subiu a um monte [...].
(*Mateus*, 5:1.)

O procedimento dos homens cultos para com o povo experimentará elevação crescente à medida que o Evangelho se estenda nos corações.

Infelizmente, até agora, raramente a multidão tem encontrado, por parte das grandes personalidades humanas, o tratamento a que faz jus.

Muitos sobem ao monte da autoridade e da fortuna, da inteligência e do poder, mas simplesmente para humilhá-la ou esquecê-la depois.

Sacerdotes inúmeros enriquecem-se de saber e buscam subjugá-la a seu talante.

Políticos astuciosos exploram-lhe as paixões em proveito próprio.

Tiranos disfarçados em condutores envenenam-lhe a alma e arrojam-na ao despenhadeiro da destruição, à maneira dos algozes de rebanho que apartam as reses para o matadouro.

Juízes menos preparados para a dignidade das funções que exercem confundem-lhe o raciocínio.

Administradores menos escrupulosos arregimentam-lhe as expressões numéricas para a criação de efeitos contrários ao progresso.

Em todos os tempos, vemos o trabalho dos legítimos missionários do bem prejudicado pela ignorância que estabelece perturbações e espantalhos para a massa popular.

Entretanto, para a comunidade dos aprendizes do Evangelho, em qualquer clima da fé, o padrão de Jesus brilha soberano.

Vendo a multidão, o Mestre sobe a um monte e começa a ensinar...

É imprescindível empenhar as nossas energias, a serviço da educação.

Ajudemos o povo a pensar, a crescer e a aprimorar-se.

Auxiliar a todos para que todos se beneficiem e se elevem, tanto quanto nós desejamos melhoria e prosperidade para nós mesmos, constitui para nós a felicidade real e indiscutível.

Ao leste e ao oeste, ao norte e ao sul da nossa individualidade, movimentam-se milhares de criaturas, em posição inferior à nossa.

Estendamos os braços, alonguemos o coração e irradiemos entendimento, fraternidade e simpatia, ajudando-as sem condições.

Quando o cristão pronuncia as sagradas palavras "Pai Nosso", está reconhecendo não somente a Paternidade de Deus, mas aceitando também por sua família a Humanidade inteira.

105
Sois a Luz

Vós sois a luz do mundo.
Jesus (*Mateus*, 5:14.)

Quando o Cristo designou os seus discípulos, como sendo a luz do mundo, assinalou-lhes tremenda responsabilidade na Terra.

A missão da luz é clarear caminhos, varrer sombras e salvar vidas, missão essa que se desenvolve, invariavelmente, à custa do combustível que lhe serve de base.

A chama da candeia gasta o óleo do pavio.

A iluminação elétrica consome a força da usina.

E a claridade, seja do Sol ou do candelabro, é sempre mensagem de segurança e discernimento, reconforto e alegria, tranquilizando aqueles em torno dos quais resplandece.

Se nos compenetramos, pois, da lição do Cristo, interessados em acompanhá-lo, é indispensável a nossa disposição de doar as nossas forças na atividade incessante do bem, para que a Boa-Nova brilhe na senda de redenção para todos.

Cristão sem espírito de sacrifício é lâmpada morta no santuário do Evangelho.

Busquemos o Senhor, oferecendo aos outros o melhor de nós mesmos.

Sigamo-lo, auxiliando indistintamente.

Não nos detenhamos em conflitos ou perquirições sem proveito.

"Vós sois a luz do mundo" – exortou-nos o Mestre –, e a luz não argumenta, mas sim esclarece e socorre, ajuda e ilumina.

106
Sirvamos ao Bem

A luz resplandece nas trevas [...].
(*João*, 1:5.)

Não te aflijas porque estejas aparentemente só no serviço do bem.

Jesus era sozinho, antes de reunir os companheiros para o serviço apostólico. Sozinho, à frente do mundo vasto, à maneira de um lavrador, sem instrumentos de trabalho, diante da selva imensa...

Nem por isso o Cristianismo deixou de surgir, por templo vivo do amor, ainda hoje em construção na Terra, para a felicidade humana.

Jesus, porém, não obstante conhecer a força da verdade que trazia consigo, não se prevaleceu da sua superioridade para humilhar ou ferir.

Acima de todas as preocupações, buscou invariavelmente o bem, através de todas as situações e em todas as criaturas.

Não perdeu tempo em reprovações descabidas.

Não se confiou a polêmicas inúteis.

Instituiu o reinado salvador de que se fizera mensageiro, servindo e amando, ajudando sempre e alicerçando cada ensinamento com a sua própria exemplificação.

Continuemos, pois, em nossa marcha regenerativa para a frente, ainda mesmo quando nos sintamos a sós.

Sirvamos ao bem, acima de tudo, entretanto, evitemos discussões e agitações em que o mal possa expandir-se.

Foge a sombra ao fulgor da luz.

Não nos esqueçamos de que milhares de quilômetros de treva, no seio da noite, não conseguem apagar alguns milímetros da chama brilhante de uma vela, contudo, basta um leve sopro de vento para extingui-la.

107
Renovemo-nos dia a dia

[...] Transformai-vos pela renovação de vossa mente, para que proveis qual é a boa, agradável e perfeita vontade de Deus.
Paulo (*Romanos*, 12:2.)

Não adianta a transformação aparente da nossa personalidade na feição exterior.

Mais títulos, mais recursos financeiros, mais possibilidades de conforto e maiores considerações sociais podem ser simples agravo de responsabilidade.

Renovemo-nos por dentro.

É preciso avançar no conhecimento superior, ainda mesmo que a marcha nos custe suor e lágrimas.

Aceitar os problemas do mundo e superá-los, à força de nosso trabalho e de nossa serenidade, é a fórmula justa de aquisição do discernimento.

Dor e sacrifício, aflição e amargura, são processos de sublimação que o Mundo Maior nos oferece, a fim de que a nossa visão espiritual seja acrescentada.

Facilidades materiais costumam estagnar-nos a mente, quando não sabemos vencer os perigos fascinantes das vantagens terrestres.

Renovemos nossa alma, dia a dia, estudando as lições dos vanguardeiros do progresso e vivendo a nossa existência sob a inspiração do serviço incessante.

Apliquemo-nos à construção da vida equilibrada, onde estivermos, mas não nos esqueçamos de que somente pela execução de nossos deveres, na concretização do bem, alcançaremos a compreensão da vida, e, com ela, o conhecimento da "perfeita vontade de Deus", a nosso respeito.

108
Um pouco de fermento

Não sabeis que um pouco de fermento leveda a massa toda?
Paulo (*I Coríntios*, 5:6.)

Ninguém vive só.

Nossa alma é sempre núcleo de influência para os demais.

Nossos atos possuem linguagem positiva.

Nossas palavras atuam a distância.

Achamo-nos magneticamente associados uns aos outros.

Ações e reações caracterizam-nos a marcha.

É preciso saber, portanto, que espécie de forças projetamos naqueles que nos cercam.

Nossa conduta é um livro aberto.

Quantos de nossos gestos insignificantes alcançam o próximo, gerando inesperadas resoluções!

Quantas frases, aparentemente inexpressivas, arrojadas de nossa boca, estabelecem grandes acontecimentos!

Cada dia, emitimos sugestões para o bem ou para o mal...

Dirigentes arrastam dirigidos.

Servos inspiram administradores.

Qual é o caminho que a nossa atitude está indicando?

Um pouco de fermento leveda a massa toda.

Não dispomos de recursos para analisar a extensão de nossa influência, mas podemos examinar-lhe a qualidade essencial.

Acautela-te, pois, com o alimento invisível que forneces às vidas que te rodeiam.

Desdobra-se-nos o destino em correntes de fluxo e refluxo. As forças que hoje se exteriorizam de nossa atividade voltarão ao centro de nossa atividade, amanhã.

109
A exemplo do Cristo

Ele bem sabia o que havia no homem.
(João, 2:25.)

Sim, Jesus não ignorava o que existia no homem, mas nunca se deixou impressionar negativamente.

Sabia que a usura morava com Zaqueu, contudo, trouxe-o da sovinice para a benemerência.

Não desconhecia que Madalena era possuída pelos gênios do mal, entretanto, renovou-a para o amor puro.

Reconheceu a vaidade intelectual de Nicodemos, mas deu-lhe novas concepções da grandeza e da excelsitude da vida.

Identificou a fraqueza de Simão Pedro, todavia, pouco a pouco instala no coração do discípulo a fortaleza espiritual que faria dele o sustentáculo do Cristianismo nascente.

Vê as dúvidas de Tomé, sem desampará-lo.

Conhece a sombra que habita em Judas, sem negar-lhe o culto da afeição.

Jesus preocupou-se, acima de tudo, em proporcionar a cada alma uma visão mais ampla da vida e em quinhoar cada espírito com eficientes recursos de renovação para o bem.

Não condenes, pois, o próximo porque nele observes a inferioridade e a imperfeição.

A exemplo do Cristo, ajuda quanto possas.

O Amigo Divino sabe o que existe em nós... Ele não desconhece a nossa pesada e escura bagagem do pretérito, nas dificuldades do nosso presente, recheado de hesitações e de erros, mas nem por isso deixa de estender-nos amorosamente as mãos.

110
Vigiemos e oremos

Vigiai e orai, para não cairdes em tentação.
Jesus (*Mateus*, 26:41.)

As mais terríveis tentações decorrem do fundo sombrio de nossa individualidade, assim como o lodo mais intenso, capaz de tisnar o lago, procede do seu próprio seio.

Renascemos na Terra com as forças desequilibradas do nosso pretérito para as tarefas do reajuste.

Nas raízes de nossas tendências, encontramos as mais vivas sugestões de inferioridade. Nas íntimas relações com os nossos parentes, somos surpreendidos pelos mais fortes motivos de discórdia e luta.

Em nós mesmos podemos exercitar o bom ânimo e a paciência, a fé e a humildade. Em contato com os afetos mais próximos, temos copioso material de aprendizado para fixar em nossa vida os valores da boa vontade e do perdão, da fraternidade pura e do bem incessante.

Não te proponhas, desse modo, atravessar o mundo, sem tentações. Elas nascem contigo, assomam de ti mesmo e alimentam-se de ti, quando não as combates, dedicadamente, qual o lavrador sempre disposto a cooperar com a terra da qual precisa extrair as boas sementes.

Caminhar do berço ao túmulo, sob as marteladas da tentação, é natural. Afrontar obstáculos, sofrer provações, tolerar antipatias gratuitas e atravessar tormentas de lágrimas são vicissitudes lógicas da experiência humana.

Entretanto, lembremo-nos do ensinamento do Mestre, vigiando e orando, para não sucumbirmos às tentações, de vez que mais vale chorar sob os aguilhões da resistência que sorrir sob os narcóticos da queda.

111
Fortaleçamo-nos

Sede fortalecidos no Senhor.
Paulo (*Efésios*, 6:10.)

Há muita gente que se julga forte...
Nos recursos financeiros, que surgem e fogem.
Na posse de terras, que se transferem de dono.
Na beleza física, que brilha e passa.
Nos parentes importantes, que se transformam.
Na cultura da inteligência que, muitas vezes, se engana.
Na popularidade, que conduz à desilusão.
No poder político, que o tempo desfaz.
No oásis de felicidade exclusivista, que a tempestade destrói.
Sim, há muita gente que supõe vencer hoje para acabar vencida amanhã.
Todavia, somente a consciência edificada na fé, pelos deveres bem cumpridos à face das Leis Eternas, consegue sustentar-se, invulnerável, sobre o domínio próprio.

Somente quem sabe sacrificar-se por amor encontra a incorruptível segurança.

Fortaleçamo-nos, pois, no Senhor e sigamos, de alma erguida, para a frente, na execução da tarefa que o Divino Mestre nos confiou.

112
Que farei?

Que farei?
PAULO (*Atos*, 22:10.)

Milhares de companheiros aproximam-se do Evangelho para o culto inveterado ao comodismo.
Como dominarei? – interrogam alguns.
Como descansarei? – indagam outros.
E os rogos se multiplicam, estranhos, reprováveis, incompreensíveis...
Há quem peça reconforto barato na carne, quem reclame afeições indébitas, quem suspire por negócios inconfessáveis e quem exija recursos para dificultar o serviço da paz e do bem.
A pergunta do Apóstolo Paulo, no justo momento em que se vê agraciado pela Presença Divina, é padrão para todos os aprendizes e seguidores da Boa-Nova.
O grande trabalhador da Revelação não pede transferência da Terra para o Céu e nem descamba para sugestões de favoritismo ao seu círculo pessoal. Não roga isenção de responsabilidade, nem foge ao dever da luta.

– Que farei? – disse a Jesus, compreendendo o impositivo do esforço que lhe cabia.

E o Mestre determina que o companheiro se levante para a sementeira de luz e de amor, através do próprio sacrifício.

Se foste chamado à fé, não recorras ao Divino Orientador suplicando privilégios e benefícios que justifiquem tua permanência na estagnação espiritual.

Procuremos com o Senhor o serviço que a sua Infinita Bondade nos reserva e caminharemos, vitoriosos, para a sublime renovação.

113
Busquemos o melhor

Por que reparas o argueiro no olho do teu irmão?
Jesus (*Mateus,* 7:3.)

A pergunta do Mestre, ainda agora, é clara e oportuna.

Muitas vezes, o homem que traz o argueiro num dos olhos traz igualmente consigo os pés sangrando. Depois de laboriosa jornada na virtude, ele revela as mãos calejadas no trabalho e tem o coração ferido por mil golpes da ignorância e da inexperiência.

É imprescindível habituar a visão na procura do melhor, a fim de que não sejamos ludibriados pela malícia que nos é própria.

Comumente, pelo vezo de buscar bagatelas, perdemos o ensejo das grandes realizações.

Colaboradores valiosos e respeitáveis são relegados à margem por nossa irreflexão, em muitas circunstâncias simplesmente porque são portadores de leves defeitos ou de sombras insignificantes do pretérito, que o movimento em serviço poderia sanar ou dissipar.

Pequenos nódulos na madeira não impedem a obra do artífice e certos trechos empedrados do campo não conseguem frustrar o esforço do lavrador na produção da semente nobre.

Aproveitemos o irmão de boa vontade, na plantação do bem, olvidando as nugas que lhe cercam a vida.

Que seria de nós se Jesus não nos desculpasse os erros e as defecções de cada dia?

E, se esperamos alcançar a nossa melhoria, contando com a benemerência do Senhor, por que negar ao próximo a confiança no futuro?

Consagremo-nos à tarefa que o Senhor nos reservou na edificação do bem e da luz e estejamos convictos de que, assim agindo, o argueiro que incomoda o olho do vizinho, tanto quanto a trave que nos obscurece o olhar, se desfarão espontaneamente, restituindo-nos à felicidade e ao equilíbrio, através da incessante renovação.

114
Embainha tua espada

Embainha tua espada [...].
Jesus (*João*, 18:11.)

A guerra foi sempre o terror das nações.

Furacão de inconsciência, abre a porta a todos os monstros da iniquidade por onde se manifesta. O que a civilização ergue, ao preço dos séculos laboriosos de suor, destrói com a fúria de poucos dias.

Diante dela, surgem o morticínio e o arrasamento, que compelem o povo à crueldade e à barbaria, através das quais aparecem dias amargos de sofrimento e regeneração para as coletividades que lhe aceitaram os desvarios.

Ocorre o mesmo, dentro de nós, quando abrimos luta contra os semelhantes...

Sustentando a contenda com o próximo, destruidora tempestade de sentimentos nos desarvora o coração. Ideais superiores e aspirações sublimes longamente acariciados por nosso espírito, construções do presente para o futuro e plantações de luz e amor, no terreno de nossas almas, sofrem desabamento e desintegração, porque o desequilíbrio e a violência nos fazem tremer e cair nas vibrações do egoísmo absoluto que havíamos relegado à retaguarda da evolução.

Depois disso, muitas vezes devemos atravessar aflitivas existências de expiação para corrigir as brechas que nos aviltam o barco do destino, em breves momentos de insânia...

Em nosso aprendizado cristão, lembremo-nos da palavra do Senhor:

– "Embainha tua espada."

Alimentando a guerra com os outros, perdemo-nos nas trevas exteriores, esquecendo o bom combate que nos cabe manter em nós mesmos.

Façamos a paz com os que nos cercam, lutando contra as sombras que ainda nos perturbam a existência, para que se faça em nós o reinado da luz.

De lança em riste, jamais conquistaremos o bem que desejamos.

A cruz do Mestre tem a forma de uma espada com a lâmina voltada para baixo.

Recordemos, assim, que, em se sacrificando sobre uma espada simbólica, devidamente ensarilhada, é que Jesus conferiu ao homem a bênção da paz, com felicidade e renovação.

115
Guardemos lealdade

Além disso, requer-se nos despenseiros
que cada um se ache fiel.
Paulo (*I Coríntios*, 4:2.)

Vivamos cada dia fazendo o melhor ao nosso alcance.

Se administras, sê justo na distribuição do trabalho.

Se legislas, sê fiel ao bem de todos.

Se espalhas os dons da fé, não te descuides das almas que te rodeiam.

Se ensinas, sê claro na lição.

Se te devotas à arte, não corrompas a inspiração divina.

Se curas, não menosprezes o doente.

Se constróis, atende à segurança.

Se aras o solo, faze-o com alegria.

Se cooperas na limpeza pública, abraça na higiene o teu sacerdócio.

Se edificaste um lar, sublima-o para as bênçãos de amor e luz, ainda mesmo que isso te custe aflição e sacrifício.

Não te inquietes por mudanças inesperadas, nem te impressione a vitória aparente daqueles que cuidam de múltiplos interesses, com exceção dos que lhes dizem respeito.

Recorda o Olhar Vigilante da Divina Providência que nos observa todos os passos.

Lembra-te de que vives, onde te encontras, por iniciativa do Poder Maior que nos supervisiona os destinos e guardemos lealdade às obrigações que nos cercam. E, agindo incessantemente na extensão do bem, no campo de luta que a vida nos confia, esperemos por novas decisões da Lei a nosso respeito, porque a própria Lei nos elevará de plano e nos sublimará as atividades no momento oportuno.

116
Ir e ensinar

Portanto, ide e ensinai.
Jesus (*Mateus,* 28:19 e 20.)

Estudando a recomendação do Senhor aos discípulos – ide e ensinai –, é justo não olvidar que Jesus veio e ensinou.

Veio da Altura Celestial e ensinou o caminho de elevação aos que jaziam atolados na sombra terrestre.

Poderia o Cristo haver mandado a lição por emissários fiéis... Poderia ter falado brilhantemente, esclarecendo como fazer...

Preferiu, contudo, para ensinar com segurança e proveito, vir aos homens e viver com eles, para mostrar-lhes como viver no rumo da perfeição.

Para isso, antes de tudo, fez-se humilde e simples na Manjedoura, honrou o trabalho e o estudo no lar e, em plena atividade pública, foi o irmão providencial de todos, amparando a cada um, conforme as suas necessidades.

Com indiscutível acerto, Jesus é chamado o Divino Mestre.

Não porque possuísse uma cátedra de ouro...

Não porque fosse o dono da melhor biblioteca do mundo...

Não porque simplesmente exaltasse a palavra correta e irrepreensível...

Não porque subisse ao trono da superioridade cultural, ditando obrigações para os ouvintes...

Mas sim porque alçou o próprio coração ao amor fraterno e, ensinando, converteu-se em benfeitor de quantos lhe recolhiam os sublimes ensinamentos.

Falou-nos do Eterno Pai e revelou-nos, com o seu sacrifício, a justa maneira de buscá-lo.

Se te propões, desse modo, cooperar com o Evangelho, recorda que não basta falar, aconselhar e informar.

"Ide e ensinai", na palavra do Cristo, quer dizer "ide e exemplificai para que os outros aprendam como é preciso fazer".

117
Possuímos o que damos

É mais bem-aventurado dar do que receber.
Paulo (*Atos*, 20:35.)

Quando alguém se refere à passagem evangélica que considera a ação de dar mais alta bem-aventurança que a ação de receber, quase todos os aprendizes da Boa-Nova se recordam da palavra "dinheiro".

Sem dúvida, em nos reportando aos bens materiais, há sempre mais alegria em ajudar que em ser ajudado, contudo, é imperioso não esquecer os bens espirituais que, irradiados de nós mesmos, aumentam o teor e a intensidade da alegria em torno de nossos passos.

Quem dá recolhe a felicidade de ver a multiplicação daquilo que deu.

Oferece a gentileza e encorajarás a plantação da fraternidade.

Estende a bênção do perdão e fortalecerás a justiça.

Administra a bondade e terás o crescimento da confiança.

Dá o teu bom exemplo e garantirás a nobreza do caráter.

Os recursos da Criação são distribuídos pelo Criador com as Criaturas, a fim de que em doação permanente se multipliquem ao Infinito.

Serás ajudado pelo Céu, conforme estiveres ajudando na Terra.

Possuímos aquilo que damos.

Não te esqueças, pois, de que és mordomo da vida em que te encontras.

Cede ao próximo algo mais que o dinheiro de que possas dispor. Dá também teu interesse afetivo, tua saúde, tua alegria e teu tempo e, em verdade, entrarás na posse dos sublimes dons do amor, do equilíbrio, da felicidade e da paz, hoje e amanhã, neste mundo e na Vida Eterna.

118
Em nossas tarefas

[...] não ambicioneis coisas altas, mas acomodai-vos às humildes.
Paulo (*Romanos*, 12:16.)

"Não ambicioneis coisas altas, mas acomodai-vos às humildes" – recomenda o apóstolo, sensatamente.

Muitos aprendizes do Evangelho almejam as grandes realizações de um dia para outro...

A coroa da santidade...

O poder da cura...

A glória do conhecimento superior...

As edificações de grande alcance...

Entretanto, aspirar só por si não basta à realização.

Tudo, nos círculos da Natureza, obedece ao espírito de sequência.

A árvore vitoriosa na colheita passou pela condição do arbusto frágil.

A catarata que move poderosas turbinas é um conjunto de fios d'água no nascedouro.

Imponente é o projeto para a construção de uma casa nobre, no entanto, é indispensável o serviço da picareta e da pá, do tijolo e da pedra, para que a arte e o reconforto se exprimam.

Abracemos os deveres humildes com devoção ao nosso ideal de progresso e triunfo.

Por mais árdua e mais simples a nossa obrigação, atendamo-la com amor.

A palavra de Paulo é sábia e justa, porque, escalando com firmeza as faixas inferiores do monte, com facilidade lhe conquistamos o cimo e, aceitando de boa vontade as tarefas pequeninas, as grandes tarefas virão espontaneamente ao nosso encontro.

119
Eia agora

Eia agora, vós que dizeis [...] amanhã [...].
(*Tiago*, 4:13.)

Agora é o momento decisivo para fazer o bem.

Amanhã, provavelmente...

O amigo terá desaparecido.

A dificuldade estará maior.

A moléstia terá ficado mais grave.

A ferida, possivelmente, mostrar-se-á mais crescida de extensão.

O problema talvez surja mais complicado.

A oportunidade de ajudar não se fará repetida.

A boa semente plantada agora é uma garantia da produção valiosa no porvir.

A palavra útil, pronunciada sem detença, será sempre uma luz no quadro em que vives.

Se desejas ser desculpado de alguma falta, aproxima-te agora daqueles a quem feriste e revela o teu propósito de reajustamento.

Se te propões auxiliar o companheiro, ajuda-o sem demora para que a bênção de teu concurso fraterno responda às necessidades de teu irmão, com a desejável eficiência.

Não durmas sobre a possibilidade de fazer o melhor.

Não te mantenhas na expectativa inoperante, quando podes contribuir em favor da alegria e da paz.

A dádiva tardia tem gosto de fel.

"Eia agora" – diz-nos o Evangelho, na palavra apostólica.

Adiar o bem que podemos realizar é desaproveitar o tempo e furtar do Senhor.

120
Assim será

Assim é aquele que para si ajunta tesouros e não é rico para com Deus.
JESUS (*Lucas*, 12:21.)

Guardarás inúmeros títulos de posse sobre as utilidades terrestres, mas se não és senhor de tua própria alma, todo o teu patrimônio não passará de simples introdução à loucura.

Multiplicarás, em torno de teus pés, maravilhosos jardins da alegria juvenil, entretanto, se não adquires o conhecimento superior para o roteiro de amanhã, a tua mocidade será a véspera ruidosa da verdadeira velhice.

Cobrirás com medalhas honoríficas o teu peito, aumentando a série dos admiradores que te aplaudem, mas, se a luz da reta consciência não te banha o coração, assemelhar-te-ás a um cofre de trevas, enfeitado por fora e vazio por dentro.

Amontoarás riquezas e apetrechos de conforto para a tua casa terrena, imprimindo-lhe perfil dominante e revestindo-a de esplendores artísticos, contudo, se não possuis na intimidade do lar a harmonia que sustenta a felicidade de viver, o teu domicílio será tão somente um mausoléu adornado.

Empilharás moedas de ouro e prata, à sombra das quais falarás com autoridade e influência aos ouvidos do próximo, todavia, se os teus haveres não se dilatam, em forma de socorro e trabalho, estímulo e educação, em favor dos semelhantes, és apenas um viajor descuidado, no rumo de pavorosas desilusões.

Crescerás horizontalmente, conquistarás o poder e a fama, reverenciar-te-ão a presença física na Terra, mas, se não trazes contigo os valores do bem, ombrearás com os infelizes, em marcha imprevidente para as ruínas do desencanto.

Assim será "todo aquele que ajunta tesouros para si, sem ser rico para com Deus".

121
Busquemos a luz

*Toda escritura inspirada por Deus é proveitosa
[...] para instrução na justiça.*
Paulo (*II Timóteo*, 3:16.)

Procura a ideia pelo valor que lhe é próprio.

Quando a moeda comum te vem às mãos, não indagas de onde proveio.

Ignoras se procede da casa de um homem justo ou injusto, se esteve, antes, a serviço de um santo ou de um malfeitor.

Conhecendo-lhe a importância, sabes conservá-la ou utilizá-la, com senso prático, porque aprendeste a perceber nela o selo da autoridade que te orienta a luta humana.

O dinheiro é uma representação do poder aquisitivo do governo temporal a que te submetes e, por isso, não lhe discutes a origem, respeitando-o e aproveitando-o, na altura das possibilidades com que se apresenta.

Na mesma base, surgem as ideias renovadoras e edificantes.

Por que exigir sejam elas subscritas, em sua exposição, por nossos parentes ou amigos particulares, a fim de que produzam o efeito salutar que esperamos delas em nós e ao redor de nós?

Toda página consoladora e instrutiva é dádiva do Alto.

Não importa que os pensamentos nela corporificados tenham vindo por intermédio do espírito de nossos pais terrestres ou de nossos filhos na carne, de nossos afeiçoados ou de nossos companheiros.

O essencial é o proveito que nos possa oferecer.

O dinheiro com que adquires o pão de hoje pode ter passado ontem pelas mãos do teu adversário maior, mas não deixa de ser uma bênção para a garantia de tua sustentação, pelo valor de que se reveste.

Assim também, a mensagem de qualquer procedência, que nos induza ao bem ou à verdade, é sempre valiosa e santa em seus fundamentos, porque, usando-a em nossa alma e em nossa experiência, podemos adquirir os talentos eternos da sabedoria e do amor, por tratar-se de recurso salvador nascido da infinita misericórdia de nosso Pai Celestial.

Busquemos a luz onde se encontre e a treva não nos alcançará.

122
Entendamo-nos

*Mas, sobretudo, tende ardente caridade
uns para com os outros.*
(*I Pedro*, 4:8.)

Não existem tarefas maiores ou menores. Todas são importantes em significação.

Um homem será respeitado pelas leis que implanta, outro será admirado pelos feitos que realiza. Mas o legislador e o herói não alcançariam a evidência em que se destacam, sem o trabalho humilde do lavrador que semeia o campo e sem o esforço apagado do varredor que contribui para a higiene da via pública.

Não te isoles, pois, no orgulho com que te presumes superior aos demais.

A comunidade é um conjunto de serviço, gerando a riqueza da experiência. E não podemos esquecer que a harmonia dessa máquina viva depende de nós.

Quando pudermos distribuir o estímulo do nosso entendimento e de nossa colaboração com todos, respeitando a importância do nosso trabalho e a excelência do serviço dos outros, renovar-se-á a face da Terra, no rumo da felicidade perfeita.

Para isso, porém, é necessário nos devotemos à assistência recíproca, com ardente amor fraterno...

Amemos a nossa posição na ordem social, por mais singela ou rudimentar, emprestando ao bem, ao progresso e à educação as nossas melhores forças.

Seremos compreendidos na medida de nossa compreensão.

Vejamos nosso próximo, no esforço que despende, e o próximo identificar-nos-á nas tarefas a que nos dedicamos.

Estendamos nossos braços aos seres que nos cercam e eles nos responderão com o melhor que possuem.

O capital mais precioso da vida é o da boa vontade. Ponhamo-lo em movimento e a nossa existência estará enriquecida de bênçãos e alegrias, hoje e sempre, onde estivermos.

123
Viver em paz

[...] Vivei em paz [...].
Paulo (*II Coríntios*, 13:11.)

Mantém-te em paz.

É provável que os outros te guerreiem gratuitamente, hostilizando-te a maneira de viver; entretanto, podes avançar em teu roteiro, sem guerrear a ninguém.

Para isso, contudo – para que a tranquilidade te banhe o pensamento –, é necessário que a compaixão e a bondade te sigam todos os passos.

Assume contigo mesmo o compromisso de evitar a exasperação.

Junto da serenidade, poderás analisar cada acontecimento e cada pessoa no lugar e na posição que lhes dizem respeito.

Repara, carinhosamente, os que te procuram no caminho...

Todos os que surgem, aflitos ou desesperados, coléricos ou desabridos, trazem chagas ou ilusões. Prisioneiros da vaidade ou da ignorância, não souberam tolerar a luz da verdade e clamam irritadiços... Unge-te de piedade e penetra-lhes os recessos do ser, e identificarás em todos eles crianças espirituais que se sentem ultrajadas ou contundidas.

Uns acusam, outros choram.

Ajuda-os, enquanto podes.

Pacificando-lhes a alma, harmonizarás, ainda mais, a tua vida.

Aprendamos a compreender cada mente em seu problema.

Recorda-te de que a Natureza, sempre divina em seus fundamentos, respeita a lei do equilíbrio e conserva-a sem cessar.

Ainda mesmo quando os homens se mostram desvairados, nos conflitos abertos, a Terra é sempre firme e o Sol fulgura sempre.

Viver de qualquer modo é de todos, mas viver em paz consigo mesmo é serviço de poucos.

124
Não te canses

Não nos desanimemos de fazer o bem, pois, a seu tempo ceifaremos, se não desfalecermos.
Paulo (*Gálatas*, 6:9.)

Quando o buril começou a ferir o bloco de mármore embrutecido, a pedra, em desespero, clamou contra o próprio destino, mas, depois, ao se perceber admirada, encarnando uma das mais belas concepções artísticas do mundo, louvou o cinzel que a dilacerara.

A lagarta arrastava-se com extrema dificuldade, e, vendo as flores tocadas de beleza e perfume, revoltava-se contra o corpo disforme; contudo, um dia, a massa viscosa em que se amargurava converteu-se nas asas de graciosa e ágil borboleta e, então, enalteceu o feio corpo com que a Natureza lhe preparara o voo feliz.

O ferro, colocado na bigorna rubra, espantou-se e sofreu, inconformado; todavia, quando se viu desempenhando importantes funções nas máquinas do progresso, sorriu reconhecidamente para o fogo que o purificara e engrandecera.

A semente lançada à cova escura chorou atormentada, e indagou por que motivo era confiada, assim, ao extremo abandono; entretanto, em se vendo transformada em arbusto, avançou para o Sol e fez-se árvore respeitada e generosa, abençoando a terra que a isolara no seu seio.

Não te canses de fazer o bem.

Quem hoje te não compreende a boa vontade, amanhã te louvará o devotamento e o esforço.

Jamais te desesperes, e auxilia sempre.

A perseverança é a base da vitória.

Não olvides que ceifarás, mais tarde, em tua lavoura de amor e luz, mas só alcançarás a divina colheita se caminhares para diante, entre o suor e a confiança, sem nunca desfaleceres.

125
Ricamente

A palavra do Cristo habite em vós, ricamente [...].
Paulo (*Colossenses*, 3:16.)

Dizes confiar no poder do Cristo, mas, se o dia aparece em cores contrárias à tua expectativa, demonstras deplorável indigência de fé na inconformação.

Afirmas cultivar o amor que o Mestre nos legou, entretanto, se o companheiro exterioriza pontos de vista diferentes dos teus, mostras enorme pobreza de compreensão, confiando-te ao desagrado e à censura.

Declaras aceitar o Evangelho em sua simplicidade e pureza, contudo, se o Senhor te pede algum sacrifício perfeitamente compatível com as tuas possibilidades, exibes incontestável carência de cooperação, lançando reptos e solicitando reparações.

Asseveras procurar a Vontade do Celeste Benfeitor, no entanto, se os teus caprichos não se encontram satisfeitos, mostras lastimável miséria de paciência e esperança, arrojando teus melhores pensamentos ao lamaçal do desencanto.

Acenderemos, porém, a luz, permanecendo nas trevas?

Daremos testemunho de obediência, exaltando a revolta?

Ensinaremos a serenidade, inclinando-nos à desesperação?

Proclamaremos a glória do amor, cultivando o ódio?

A palavra do Cristo não nos convida a marchar na fraqueza ou na lamentação, como se fôssemos tutelados da ignorância.

Segundo a conceituação iluminada de Paulo, a Boa-Nova deve irradiar-se de nossa vida, habitando a nossa alma, ricamente.

126
Ajudemos sempre

E quem é o meu próximo?
(*Lucas*, 10:29.)

O próximo a quem precisamos prestar imediata assistência é sempre a pessoa que se encontra mais perto de nós.

Em suma, é, por todos os modos, a criatura que se avizinha de nossos passos. E, como a Lei Divina recomenda amemos o próximo como a nós mesmos, preparemo-nos para ajudar, infinitamente...

Se temos pela frente um familiar, auxiliemo-lo com a nossa cooperação ativa.

Se somos defrontados por um superior hierárquico, exercitemos o respeito e a boa vontade.

Se um subordinado nos procura, ajudemo-lo com atenção e carinho.

Se um malfeitor nos visita, pratiquemos a fraternidade, tentando, sem afetação, abrir-lhe rumos novos na direção do bem.

Se o doente nos pede socorro, compadeçamo-nos de sua posição, qualquer que ela seja.

Se o bom se socorre de nossa palavra, estimulemo-lo a que se faça melhor.

Se o mau nos busca a influência, amparemo-lo, sem alarde, para que se corrija.

Se há Cristianismo em nossa consciência, o cultivo sistemático da compreensão e da bondade tem força de lei em nossos destinos.

Um cristão sem atividade no bem é um doente de mau aspecto, pesando na economia da coletividade.

No Evangelho, a posição neutra significa menor esforço.

Com Jesus, de perto, agindo intensivamente junto dele; ou com Jesus, de longe, retardando o avanço da luz. E sabemos que o Divino Mestre amou e amparou, lutou em favor da luz e resistiu à sombra, até à cruz.

Diante, pois, do próximo, que se acerca do teu coração, cada dia, lembra-te sempre de que estás situado na Terra para aprender e auxiliar.

127
Humanidade Real

[...] Eis o Homem!
PILATOS (*João*, 19:5.)

Apresentando o Cristo à multidão, Pilatos não designava um triunfador terrestre...
Nem banquete, nem púrpura.
Nem aplauso, nem flores.
Jesus achava-se diante da morte.
Terminava uma semana de terríveis flagelações.
Traído, não se rebelara.
Preso, exercera a paciência.
Humilhado, não se entregou a revides.
Esquecido, não se confiou à revolta.
Escarnecido, desculpara.
Açoitado, olvidou a ofensa.
Injustiçado, não se defendeu.
Sentenciado ao martírio, soube perdoar.
Crucificado, voltaria à convivência dos mesmos discípulos e beneficiários que o haviam abandonado, para soerguer-lhes a esperança.

Mas, exibindo-o, diante do povo, Pilatos não afirma: – eis o condenado, eis a vítima!

Diz simplesmente: – "Eis o Homem!"

Aparentemente vencido, o Mestre surgia em plena grandeza espiritual, revelando o mais alto padrão de dignidade humana.

Rememorando, pois, semelhante passagem, recordemos que somente nas linhas morais do Cristo é que atingiremos a Humanidade Real.

128
Não rejeites a confiança

Não rejeiteis, pois, a vossa confiança, que tem grande e avultado galardão.
PAULO (*Hebreus*, 10:35.)

Não lances fora a confiança que te alimenta o coração.

Muitas vezes, o progresso aparente dos ímpios desencoraja o fervor das almas tíbias.

A virtude vacilante recua ante o vício que parece vitorioso.

Confrange-se o crente frágil, perante o malfeitor que se destaca, aureolado de louros.

Todavia, se aceitamos Jesus por nosso Divino Mestre, é preciso receber o mundo por nosso educandário.

E a escola nos revela que a romagem carnal é simples estágio do espírito no campo imenso da vida.

Todos os séculos tiveram soberanos dominadores.

Muitos se erigiram em pedestais de ouro e poder, ao preço do sangue e das lágrimas dos seus contemporâneos.

Muitos ganharam batalhas de ódio.

Outros monopolizaram o pão.

Alguns comandaram a vida política.

Outros adquiriram o temor popular.

Entretanto, passaram todos... Por prêmio terrestre às laboriosas empresas a que se consagraram, receberam apenas o sepulcro faustoso em que sobressaem na casa fria da morte.

Não rejeites a fé porque a passagem educativa pela Terra te imponha à visão aflitivos quadros no jogo das convenções humanas.

Lembra-te da imortalidade – nossa divina herança!

Por onde fores, conduze tua alma como fonte preciosa de compreensão e serviço! Onde estiveres, sê generoso, otimista e diligente no bem!

A carne é apenas tua veste.

Luta e aprimora-te, trabalha e realiza com o Cristo, e aguarda, confiante, o futuro, na certeza de que a vida de hoje te espera, sempre justiceira, amanhã.

129
Guarda a paciência

Porque necessitais de paciência, para que, depois de haverdes feito a Vontade de Deus, possais alcançar a promessa.
Paulo (*Hebreus*, 10:36.)

Provavelmente estarás retendo, há muito tempo, a esperança torturada.

Desejarias que a resposta do mundo aos teus anseios surgisse, imediata, agasalhando-te o coração; entretanto, que paz desfrutarias no triunfo aparente dos próprios sonhos, sem resgatares os débitos que te encadeiam ao problema e à dificuldade?

Como repousar, ante a exigência do credor que nos requisita?

Descansará o delinquente, antes da justa reparação à falta cometida?

Sabes que o destino materializar-te-á os planos de ventura, que a vitória te coroará, enfim, a senda de luta, mas reconheces-te preso ao círculo de certas obrigações.

O lar convertido em forja de angústia...

A instituição a que serves, onde sofres a intromissão da calúnia ou o golpe da crueldade...

O parente a que deves respeito e carinho, do qual recolhes menosprezo e ingratidão...

A rede dos obstáculos...

A conspiração das sombras...

A perseguição gratuita, a enfermidade do corpo, a imposição do ambiente...

Se as provas te encarceram nas grades constringentes do dever a cumprir, tem paciência e satisfaze as obrigações a que te enlaçaste!...

Não renuncies ao trabalho renovador!

Recorda que a Vontade de Deus se expressa, cada hora, nas circunstâncias que nos cercam! Paguemos nossas contas com a sombra, para que a Luz nos favoreça!

Em verdade, alcançaremos a concretização dos nossos projetos de felicidade, mas, antes disso, é necessário liquidar com paciência as dívidas que contraímos perante a Lei.

130
Na esfera íntima

Cada um administre aos outros o dom como o recebeu, como bons dispensadores da multiforme graça de Deus.
(*I Pedro*, 4:10.)

A vida é máquina divina da qual todos os seres são peças importantes, e a cooperação é o fator essencial na produção da harmonia e do bem para todos.

Nada existe sem significação.

Ninguém é inútil.

Cada criatura recebeu determinado talento da Providência Divina para servir no mundo e para receber do mundo o salário da elevação.

Velho ou moço, com saúde do corpo ou sem ela, recorda que é necessário movimentar o dom que recebeste do Senhor, para avançares na direção da Grande Luz.

Ninguém é tão pobre que nada possa dar de si mesmo.

O próprio paralítico, atado ao catre da enfermidade, pode fornecer aos outros a paciência e a calma, em forma de paz e resignação.

Não olvides, pois, o trabalho que o Céu te conferiu e foge à preocupação de interferir na tarefa do próximo, a pretexto de ajudar.

Quem cumpre o dever que lhe é próprio, age naturalmente a benefício do equilíbrio geral.

Muitas vezes, acreditando fazer mais corretamente que os outros o serviço que lhes compete, não somos senão agentes de desarmonia e perturbação.

Onde estivermos, atendamos com diligência e nobreza à missão que a vida nos oferece.

Lembra-te de que as horas são as mesmas para todos e de que o tempo é o nosso silencioso e inflexível julgador.

Ontem, hoje e amanhã são três fases do caminho único.

Todo dia é ocasião de semear e colher.

Observemos, assim, a tarefa que nos cabe e recordemos a palavra do Evangelho – "Cada um administre aos outros o dom como o recebeu, como bons dispensadores da multiforme graça de Deus", para que a graça de Deus nos enriqueça de novas graças.

131
No campo social

Ele respondeu e disse-lhes: – Dai-lhes vós de comer. [...]
(*Marcos*, 6:37.)

Diante da multidão fatigada e faminta, Jesus recomenda aos apóstolos: – "Dai-lhes vós de comer."

A observação do Mestre é importante, quando realmente poderia Ele induzi-los a recriminar a multidão pela imprudência de uma jornada exaustiva até o monte, sem a garantia do farnel.

O Mestre desejou, porém, gravar no espírito dos aprendizes a consagração deles ao serviço popular. Ensinou que aos cooperadores do Evangelho, perante a turba necessitada, compete tão somente um dever – o da prestação de auxílio desinteressado e fraternal.

Naquela hora do ensinamento inesquecível, a fome era naturalmente do corpo, vencido de cansaço, mas, ainda e sempre, vemos a multidão carecente de amparo, dominada pela fome de luz e de harmonia, vergastada pelos invisíveis azorragues da discórdia e da incompreensão.

Os colaboradores de Jesus são chamados, não a obscurecê-la com o pessimismo, não a perturbá-la com a indisciplina ou a imobilizá-la com o desânimo, mas sim a nutri-la de esclarecimento e paz, fortaleza moral e sublime esperança.

Se te encontras diante do povo, com o anseio de ajudá-lo, se te propões contribuir na regeneração do campo social, não te percas em pregações de rebelião e desespero. Conserva a serenidade e alimenta o próximo com o teu bom exemplo e com a tua boa palavra.

Não olvides a recomendação do Senhor: – "Dai-lhes vós de comer."

132
Tendo medo

E, tendo medo, escondi na terra o teu talento [...].
(Mateus, 25:25.)

Na Parábola dos Talentos, o servo negligente atribui ao medo a causa do insucesso em que se infelicita.

Recebera mais reduzidas possibilidades de ganho.

Contara apenas com um talento e temera lutar para valorizá-lo.

Quanto aconteceu ao servidor invigilante da narrativa evangélica, há muitas pessoas que se acusam pobres de recursos para transitar no mundo como desejariam. E recolhem-se à ociosidade, alegando o medo da ação.

Medo de trabalhar.

Medo de servir.

Medo de fazer amigos.

Medo de desapontar.

Medo de sofrer.

Medo da incompreensão.

Medo da alegria.

Medo da dor.

E alcançam o fim do corpo, como sensitivas humanas, sem o mínimo esforço para enriquecer a existência.

Na vida, agarram-se ao medo da morte.

Na morte, confessam o medo da vida.

E, a pretexto de serem menos favorecidos pelo destino, transformam-se, gradativamente, em campeões da inutilidade e da preguiça.

Se recebeste, pois, mais rude tarefa no mundo, não te atemorizes à frente dos outros e faze dela o teu caminho de progresso e renovação. Por mais sombria seja a estrada a que foste conduzido pelas circunstâncias, enriquece-a com a luz do teu esforço no bem, porque o medo não serviu como justificativa aceitável no acerto de contas entre o servo e o Senhor.

133
Que tendes?

Quantos pães tendes? E disseram-lhe: – Sete.
(Marcos, 8:5.)

Quando Jesus, à frente da multidão faminta, indagou das possibilidades dos discípulos para atendê-la, decerto procurava uma base, a fim de materializar o socorro preciso.

"Quantos pães tendes?"

A pergunta denuncia a necessidade de algum concurso para o serviço da multiplicação.

Conta-nos o evangelista Marcos que os companheiros apresentaram-lhe sete pãezinhos, dos quais se alimentaram mais de quatro mil pessoas, sobrando apreciável quantidade.

Teria o Mestre conseguido tanto se não pudesse contar com recurso algum?

A imagem compele-nos a meditar quanto ao impositivo de nossa cooperação, para que o Celeste Benfeitor nos felicite com os seus dons de vida abundante.

Poderá o Cristo edificar o santuário da felicidade em nós e para nós, se não puder contar com os alicerces da boa vontade em nosso coração?

A usina mais poderosa não prescinde da tomada humilde para iluminar um aposento.

Muitos esperam o milagre da manifestação do Senhor, a fim de que se lhes sacie a fome de paz e reconforto, mas a voz do Mestre, no monte, continua ressoando, inesquecível:

– Que tendes?

Infinita é a Bondade de Deus, todavia, algo deve surgir de nosso "eu", em nosso favor.

Em qualquer terreno de nossas realizações para a vida mais alta, apresentemos a Jesus algumas reduzidas migalhas de esforço próprio e estejamos convictos de que o Senhor fará o resto.

134
Busquemos o equilíbrio

*Aquele que diz permanecer n'Ele, deve
também andar como Ele andou.
(I João, 2:6.)*

Embora devas caminhar sem medo, não te cases à imprudência, a pretexto de cultivar desassombro.

Se nos devotamos ao Evangelho, procuremos agir segundo os padrões do Divino Mestre, que nunca apresentam lugar à temeridade.

Jesus salienta o imperativo da edificação do Reino de Deus, mas não sacrifica os interesses dos outros em obras precipitadas.

Aconselha a sinceridade do "sim, sim – não, não", entretanto, não se confia à rudeza contundente.

Destaca as ruínas morais do farisaísmo dogmático, todavia, rende culto à Lei de Moisés.

Reergue Lázaro do sepulcro, contudo, não alimenta a pretensão de furtá-lo, em definitivo, à morte do corpo.

Consciente do poder de que se acha investido, não menospreza a autoridade política que deve reger as necessidades do povo e ensina que se deve dar "a César o que é de César e a Deus o que é de Deus".

Preso e sentenciado ao suplício, não se perde em bravatas labiais, não obstante reconhecer o devotamento com que é seguido pelas entidades angélicas.

Atendamos ao Modelo Divino que não devemos esquecer, desempenhando a nossa tarefa, com lealdade e coragem, mas evitemos o arrojo desnecessário, que vale por leviandade perigosa.

Um coração medroso congela o trabalho.

Um coração temerário incendeia qualquer serviço, arrasando-o.

Busquemos, pois, o equilíbrio com Jesus e fugiremos, naturalmente, ao extremismo, que é sempre o escuro sinal da desarmonia ou da violência, da perturbação ou da morte.

135
Desculpa sempre

Se perdoardes aos homens as suas ofensas, também vosso Pai Celestial vos perdoará.
JESUS (*Mateus*, 6:14.)

Por mais graves te pareçam as faltas do próximo, não te detenhas na reprovação.

Condenar é cristalizar as trevas, opondo barreiras ao serviço da luz.

Procura nas vítimas da maldade algum bem com que possas soerguê-las, assim como a vida opera o milagre do reverdecimento nas árvores aparentemente mortas.

Antes de tudo, lembra quão difícil é julgar as decisões de criaturas em experiências que divergem da nossa!

Como refletir, apropriando-nos da consciência alheia, e como sentir a realidade, usando um coração que não nos pertence?

Se o mundo, hoje, grita alarmado, em derredor de teus passos, faze silêncio e espera...

A observação justa é impraticável quando a neblina nos cerca.

Amanhã, quando o equilíbrio for restaurado, conseguirás suficiente clareza para que a sombra te não altere o entendimento.

Além disso, nos problemas de crítica, não te suponhas isento dela.

Através da nociva complacência para contigo mesmo, não percebes quantas vezes te mostras menos simpático aos semelhantes!

Se há quem nos ame as qualidades louváveis, há quem nos destaque as cicatrizes e os defeitos.

Se há quem ajude, exaltando-nos o porvir luminoso, há quem nos perturbe, constrangendo-nos à revisão do passado escuro.

Usa, pois, a bondade, e desculpa incessantemente.

Ensina-nos a Boa-Nova que o Amor cobre a multidão dos pecados.

Quem perdoa, esquecendo o mal e avivando o bem, recebe do Pai Celestial, na simpatia e na cooperação do próximo, o alvará da libertação de si mesmo, habilitando-se a sublimes renovações.

136
Vivamos calmamente

Que procureis viver sossegados.
PAULO (*I Tessalonicenses*, 4:11.)

Viver sossegado não é apodrecer na preguiça.

Há pessoas, cujo corpo permanece em decúbito dorsal, agasalhadas, contra o frio da dificuldade, por excelentes cobertores da facilidade econômica, mas torturadas mentalmente por indefiníveis aflições.

Viver calmamente, pois, não é dormir na estagnação.

A paz decorre da quitação de nossa consciência para com a vida, e o trabalho reside na base de semelhante equilíbrio.

Se desejamos saúde, é necessário lutar pela harmonia do corpo.

Se esperamos colheita farta, é indispensável plantar com esforço e defender a lavoura com perseverança e carinho.

Para garantir a fortaleza do nosso coração, contra o assédio do mal, é imprescindível saibamos viver dentro da serenidade do trabalho fiel aos compromissos assumidos com a ordem e com o bem.

O progresso dos ímpios e o descanso dos delinquentes são paradas de introdução à porta do inferno criado por eles mesmos.

Não queiras, assim, estar sossegado, sem esforço, sem luta, sem trabalho, sem problemas...

Todavia, consoante a advertência do apóstolo, vivamos calmamente, cumprindo com valor, boa vontade e espírito de sacrifício, as obrigações edificantes que o mundo nos impõe cada dia, em favor de nós mesmos.

137
Atendamos ao Bem

Em verdade vos digo que quantas vezes o fizestes a um destes meus irmãos mais pequeninos, a mim o fizestes.
Jesus (*Mateus*, 25:40.)

Não só pelas palavras, que podem simbolizar folhas brilhantes sobre um tronco estéril.

Não só pelo ato de crer, que, por vezes, não passa de êxtase inoperante.

Não só pelos títulos, que, em muitas ocasiões, constituem possibilidades de acesso aos abusos.

Não só pelas afirmações de fé, porque, em muitos casos, as frases sonoras são gritos da alma vazia.

Não nos esqueçamos do "fazer".

A ligação com o Cristo, a comunhão com a Divina Luz, não dependem do modo de interpretar as revelações do Céu.

Em todas as circunstâncias do seu apostolado de amor, Jesus procurou buscar a atenção das criaturas, não para a forma do pensamento religioso, mas para a bondade humana.

A Boa-Nova não prometia a paz da vida superior aos que calejassem os joelhos nas penitências incompreensíveis, aos que especulassem sobre a natureza de Deus, que discutissem as coisas do Céu por antecipação, ou que simplesmente pregassem as verdades eternas, mas exaltou a posição sublime de todos os que disseminassem o amor, em nome do Todo-Misericordioso.

Jesus não se comprometeu com os que combatessem, em seu nome, com os que humilhassem os outros, a pretexto de glorificá-lo, ou com os que lhe oferecessem culto espetacular, em templos de ouro e pedra, mas sim afirmou que o menor gesto de bondade, dispensado em seu nome, será sempre considerado, no Alto, como oferenda de amor endereçada a Ele próprio.

138
O justo remédio

Quanto, porém, à caridade fraternal, não necessitais de que vos escreva, porque já vós mesmos estais instruídos por Deus que vos ameis uns aos outros.
PAULO (*I Tessalonicenses*, 4:9.)

Em sua missão de Consolador, recebe o Espiritismo milhares de consultas partidas de almas ansiosas, que imploram socorro e solução para diversos problemas.

Aqui, é um pai que não compreende e confia-se a sistemas cruéis de educação.

Ali, é um filho rebelde e ingrato, que foge à beleza do entendimento.

Acolá, é um amigo fascinado pelas aparências do mundo, e que abandona os compromissos com o ideal superior.

Além, é um irmão que se nega ao concurso fraterno.

Noutra parte, é o cônjuge que deserta do lar.

Mais adiante, é o chefe de serviço, insensível e contundente.

Contudo, o remédio para a extinção desses velhos enigmas das relações humanas está indicado, há séculos, nos ensinamentos da Boa-Nova.

A caridade fraternal é a chave de todas as portas para a boa compreensão.

O discípulo do Evangelho é alguém que foi admitido à presença do Divino Mestre para servir.

A recompensa de semelhante trabalhador, efetivamente, não pode ser aguardada no imediatismo da Terra.

Como colocar o fruto na fronde verde da plantinha nascente?

Como arrancar a obra-prima do mármore com o primeiro golpe do cinzel?

Quem realmente ama, em nome de Jesus, está semeando para a colheita na Eternidade.

Não procuremos orientação com os outros para assuntos claramente solucionáveis por nosso esforço.

Sabemos que não adianta desesperar ou amaldiçoar...

Cada espírito possui o roteiro que lhe é próprio.

Saibamos caminhar, portanto, na senda que a vida nos oferece, sob a luz da caridade fraternal, hoje e sempre.

139
Na obra de salvação

Porque Deus não nos tem designado para a ira, mas para a aquisição da salvação por nosso Senhor Jesus Cristo.
PAULO (*I Tessalonicenses,* 5:9.)

Por que não somos compreendidos?
Por que motivo a solidão nos invade a existência?
Por que razões a dificuldade nos cerca?
Por que tanta sombra e tanta aspereza, em torno de nossos passos?

E a cada pergunta, feita de nós para nós mesmos, seguem-se, comumente, o desespero e a inconformação, reclamando, sob os raios mortíferos da cólera, as vantagens de que nos sentimos credores.

Declaramo-nos decepcionados com a nossa família, desamparados por nossos amigos, incompreendidos pelos companheiros e até mesmo perseguidos por nossos irmãos.

A intemperança mental carreia para nosso íntimo os espinhos do desencanto e os desequilíbrios orgânicos inabordáveis, transformando-nos a existência num rosário de queixas preguiçosas e enfermiças.

Isso, porém, acontece porque não fomos designados pelo Senhor para o despenhadeiro escuro da ira, e sim para a obra de salvação.

Ninguém restaura um serviço sob as trevas da desordem.

Ninguém auxilia ferindo sistematicamente, pelo simples prazer de dilacerar.

Ninguém abençoará as tarefas de cada dia, amaldiçoando-as, ao mesmo tempo.

Ninguém pode ser simultaneamente amigo e verdugo.

Se tens notícia do Evangelho, no mundo de tua alma, prepara-te para ajudar, infinitamente...

A Terra é a nossa escola e a nossa oficina.

A Humanidade é a nossa família.

Cada dia é o ensejo bendito de aprender e auxiliar.

Por mais aflitiva seja a tua situação, ampara sempre, e estarás agindo no abençoado serviço de salvação a que o Senhor nos chamou.

140
Após Jesus

*E, quando o iam levando, tomaram um certo Simão,
cireneu, que vinha do campo, e puseram-lhe
a cruz às costas, para que a levasse após Jesus.*
(*Lucas*, 23:26.)

A multidão que rodeava o Mestre, no dia supremo, era enorme.

Achavam-se ali os gozadores impenitentes do mundo, os campeões da usura, os ridicularizadores, os ignorantes, os espíritos fracos que reconheciam a superioridade do Cristo e temiam anunciar as próprias convicções, os amigos vacilantes do Evangelho, as testemunhas acovardadas, os beneficiados pelo Divino Médico, que se ocultavam, medrosos, com receio de sacrifícios...

Mas um estrangeiro, instado pelo povo, aceitou o madeiro, embora constrangidamente, e seguiu carregando-o, após Jesus.

A lição, entretanto, seria legada aos séculos do futuro...

O mundo ainda é uma Jerusalém enorme, congregando criaturas dos mais variados matizes, mas se te aproximas do Evangelho, com sinceridade e fervor, colocam-te a cruz sobre o coração.

Daí em diante, serás compelido às maiores demonstrações de renúncia, raros te observarão o cansaço e a angústia e, não obstante a tua condição de servidor, com os mesmos problemas dos outros, exigir-te-ão espetáculos de humildade e resistência, heroísmo e lealdade ao bem.

Sofre e trabalha, de olhos voltados para a Divina Luz.

Do Alto descerão para o teu espírito as torrentes invisíveis das fontes celestes, e vencerás valorosamente.

Por enquanto, a cruz ainda é o sinal dos aprendizes fiéis.

Se não tens contigo as marcas do testemunho pela responsabilidade, pelo trabalho, pelo sacrifício ou pelo aprimoramento íntimo, é possível que ames profundamente o Mestre, mas é quase certo que ainda não te colocaste, junto d'Ele, na jornada redentora.

Abençoemos, pois, a nossa cruz e sigamo-lo, destemerosos, buscando a vitória do amor e a ressurreição eterna.

141
Renova-te sempre

*Ainda que o nosso homem exterior se corrompa,
o interior, contudo, se renova, dia a dia.*
Paulo (*II Coríntios*, 4:16.)

Cada dia tem a sua lição.
Cada experiência deixa o valor que lhe corresponde.
Cada problema obedece a determinado objetivo.

Há criaturas que, torturadas por temores contraproducentes, proclamam a inconformação que as possui à frente da enfermidade ou da pobreza, da desilusão ou da velhice.

Não faltam, no quadro da luta cotidiana, os que fogem espetacularmente dos deveres que lhes cabem, procurando, na desistência do bom combate e no gradual acordo com a morte, a paz que não podem encontrar.

Lembra-te de que as civilizações se sucedem no mundo, há milhares de anos, e que os homens, por mais felizes e por mais poderosos, foram constrangidos à perda do veículo de carne para acerto de contas morais com a eternidade.

Ainda que a prova te pareça invencível ou que a dor se te afigure insuperável, não te retires da posição de lidador em que a Providência Divina te colocou.

Recorda que amanhã o dia voltará ao teu campo de trabalho.

Permanece firme no teu setor de serviço, educando o pensamento na aceitação da Vontade de Deus.

A moléstia pode ser uma intimação transitória e salutar da Justiça Celeste.

A escassez de recursos terrestres é sempre um obstáculo educativo.

O desapontamento recebido com fervorosa coragem é trabalho de seleção do Senhor, em nosso benefício.

A senectude do corpo físico é fixação da sabedoria para a felicidade eterna.

Sê otimista e diligente no bem, entre a confiança e a alegria, porque, enquanto o envoltório de carne se corrompe pouco a pouco, a alma imperecível se renova, de momento a momento, para a vida imortal.

142
Não furtes

Aquele que furtava não furte mais; antes trabalhe, fazendo com as suas mãos o que é bom, para que tenha o que repartir com o que tiver necessidade.
Paulo (*Efésios*, 4:28.)

Há roubos de variada natureza, jamais catalogados nos códigos de justiça da Terra.

Furtos de tempo aos que trabalham.

Assaltos à tranquilidade do próximo.

Depredações da confiança alheia.

Invasões nos interesses dos outros.

Apropriações indébitas, através do pensamento.

Espoliações da alegria e da esperança.

Com as chaves falsas da intriga e da calúnia, da crueldade e da má-fé, almas impiedosas existem, penetrando sutilmente nos corações desprevenidos, dilapidando-os em seus mais valiosos patrimônios espirituais...

Por esse motivo, a palavra de Paulo se reveste de sublime significação – "aquele que furtava não furte mais."

Se aceitaste o Evangelho por norma de elevação da tua vida, procura, acima de tudo, ocupar as tuas mãos em atividades edificantes, a fim de que possas ser realmente útil aos que necessitam.

Na preguiça está sediada a gerência do mal.

Quem alguma coisa faz, tem algo a repartir.

Busca o teu posto de serviço, cumpre dignamente as tuas obrigações de cada dia e, atendendo aos deveres que o Senhor te confiou, atravessarás o caminho terrestre sem furtar a ninguém.

143
Acorda e ajuda

Segue-me e deixa aos mortos o cuidado
de enterrar os seus mortos.
JESUS (*Mateus*, 8:22.)

Jesus não recomendou ao aprendiz deixasse "aos cadáveres o cuidado de enterrar os cadáveres", e sim conferisse "aos mortos o cuidado de enterrar os seus mortos".

Há, em verdade, grande diferença.

O cadáver é carne sem vida, enquanto que um morto é alguém que se ausenta da vida.

Há muita gente que perambula nas sombras da morte sem morrer.

Trânsfugas da evolução, cerram-se entre as paredes da própria mente, cristalizados no egoísmo ou na vaidade, negando-se a partilhar a experiência comum.

Mergulham-se em sepulcros de ouro, de vício, de amargura e ilusão. Se vitimados pela tentação da riqueza, moram em túmulos de cifrões; se derrotados pelos hábitos perniciosos, encarceram-se em grades de sombra; se prostrados pelo desalento, dormem no pranto da bancarrota moral, e, se atormentados pelas mentiras com que envolvem a si mesmos, residem sob as lápides, dificilmente permeáveis, dos enganos fatais.

Aprende a participar da luta coletiva.

Sai, cada dia, de ti mesmo, e busca sentir a dor do vizinho, a necessidade do próximo, as angústias de teu irmão e ajuda quanto possas.

Não te galvanizes na esfera do próprio "eu".

Desperta e vive com todos, por todos e para todos, porque ninguém respira tão somente para si.

Em qualquer parte do Universo, somos usufrutuários do esforço e do sacrifício de milhões de existências.

Cedamos algo de nós mesmos, em favor dos outros, pelo muito que os outros fazem por nós.

Recordemos, desse modo, o ensinamento do Cristo.

Se encontrares algum cadáver, dá-lhe a bênção da sepultura, na relação das tuas obras de caridade, mas, em se tratando da jornada espiritual, deixa sempre "aos mortos o cuidado de enterrar os seus mortos".

144
Ajudemos a vida mental

E seguia-o uma grande multidão da Galileia, de Decápolis, de Jerusalém, da Judeia e de além do Jordão.
(*Mateus*, 4:25.)

A multidão continua seguindo Jesus na ânsia de encontrá-lo, mobilizando todos os recursos ao seu alcance.

Procede de todos os lugares, sequiosa de conforto e revelação.

Inútil a interferência de quantos se interpõem entre ela e o Senhor, porque, de século a século, a busca e a esperança se intensificam.

Não nos esqueçamos, pois, de que abençoada será sempre toda colaboração que pudermos prestar ao povo, em nossa condição de aprendizes.

Ninguém precisa ser estadista ou administrador para ajudá-lo a engrandecer-se.

Boa vontade e cooperação representam as duas colunas mestras no edifício da fraternidade humana. E contribuir para que a coletividade aprenda a pensar na extensão do bem é colaborar para que se efetive a sintonia da mente terrestre com a Mente Divina.

Descerra-se à nossa frente precioso programa nesse particular.

Alfabetização.

Leitura edificante.

Palestra educativa.

Exemplo contagiante na prática da bondade simples.

Divulgação de páginas consoladoras e instrutivas.

Exercício da meditação.

Seja a nossa tarefa primordial o despertamento dos valores íntimos e pessoais.

Auxiliemos o companheiro a produzir quanto possa dar de melhor ao progresso comum, no plano, no ideal e na atividade em que se encontra.

Orientar o pensamento, esclarecê-lo e sublimá-lo é garantir a redenção do mundo, descortinando novos e ricos horizontes para nós mesmos.

Ajudemos a vida mental da multidão e o povo conosco encontrará Jesus, mais facilmente, para a vitória da Vida Eterna.

145
Guardai-vos dos cães

Guardai-vos dos cães.
PAULO (*Filipenses*, 3:2.)

Somos imensa caravana de seres, na estrada evolutiva, a movimentar-se, sob o olhar do Divino Pastor, em demanda de esferas mais altas.

Em verdade, se prosseguimos caminho afora, magnetizados pelo devotamento do Condutor Divino, inegavelmente somos também assediados pelos cães da ignorância, da perversidade, da má-fé.

Referindo-se a cães, Paulo de Tarso não mentalizava o animal amigo, símbolo de ternura e fidelidade, após a domesticação. Reportava-se aos cães selvagens, impulsivos e ferozes. No rebanho humano, encontraremos sempre criaturas que os personificam. São os adversários sistemáticos do bem.

Atassalham reputações dignas.
Estimam a maledicência.
Exercitam a crueldade.

Sentem prazer com a imposição tirânica que lhes é própria.

Desfazem a conceituação elevada e santificante da vida.

Desarticulam o serviço dos corações bem-intencionados.

Atiram-se, desvairadamente, à substância das obras construtivas, procurando consumi-las ou pervertê-las.

Vomitam impropérios e calúnias.

Gritam, levianos, que o mal permanece vitorioso, que a sombra venceu, que a miséria consolidou o seu domínio na Terra, perturbando a paz dos servos operosos e fiéis.

E, quando o micróbio do ódio ou da cólera lhes excita a desesperação, ai daqueles que se aproximam, generosos e confiantes!

É para esse gênero de irmãos que Paulo solicita de nós outros a conjugação do verbo guardar. Para eles, pobres prisioneiros da incompreensão e da ignorância, resta somente o processo educativo, no qual podemos cooperar com amor, competindo-nos reconhecer, contudo, que esse recurso de domesticação procede originariamente de Deus.

146
Saibamos cooperar

Porque sem mim nada podeis fazer.
Jesus (*João*, 15:5.)

O divino poder do Cristo, como representante de Deus, permanece latente em todas as criaturas. Todos os homens receberam d'Ele sagrados dons, ainda que muitos se mantenham afastados do campo religioso.

Referimo-nos aqui, porém, aos cultivadores da fé, que iniciam o esforço laborioso e longo da descoberta dos valores sublimes que vibram em si mesmos.

Grande parte suspira por espetaculares demonstrações de Jesus em seus caminhos, e companheiros incontáveis acreditam que apenas cooperam com o Senhor os que se encontram no ministério da palavra, no altar ou na tribuna de variadas confissões religiosas.

Urge, entretanto, retificar esse erro interpretativo.

O Senhor está conosco em todas as posições da vida. Nada poderíamos realizar sem o influxo de sua vontade soberana.

Diz-nos o Mestre com clareza: – "Eu sou a videira, vós as varas." Como produzir alguma coisa sem a seiva essencial?

Efetivamente, os aprendizes arguciosos poderão objetar que, nesse critério, também encontraremos os que praticam o mal, alicerçados nas mesmas bases. Respondendo, consideraremos somente que semelhantes infelizes enxertam cactos infernais na Videira Divina, por conta própria, pagando elevado preço, perante o Governo do Universo.

Reportamo-nos aos companheiros tímidos e vacilantes, embora bem-intencionados, para concluir que, em todas as tarefas humanas, podemos sentir a presença do Senhor, santificando o trabalho que nos foi cometido. Por isso, não podemos olvidar a lição evangélica de que seria abençoado qualquer esforço no bem, ainda que fosse apenas o de ministrar um copo de água pura em seu nome.

O Mestre não se encontra tão somente no serviço daqueles que ensinam a Revelação Divina através da palavra acadêmica, instrutiva ou consoladora. Acompanha os que administram os bens do mundo e os que obedecem às ordenanças do caminho, concorrendo na edificação do futuro melhor, nas organizações materiais e espirituais. Permanece ao lado dos que revolvem o chão do planeta, cooperando na estruturação da Terra Aperfeiçoada, como inspira os missionários da inteligência na evolução dos direitos humanos.

Saibamos cooperar, desse modo, nos círculos de serviço a que fomos chamados para o concurso cristão.

Faze, tão bem quanto esteja em tuas possibilidades, a obra parcial confiada às tuas mãos.

Por hoje, talvez te enganes, supondo servir às autoridades terrestres, no entanto, chegará o minuto revelador no qual reconhecerás que permaneces a serviço do Senhor. Une-te, pois, ao Divino Artífice, em espírito e verdade, porque o problema fundamental de nossa paz é justamente o de saber se vivemos n'Ele tanto quanto Ele vive em nós.

147
Refugia-te em paz

Havia muitos que iam e vinham e não tinham tempo para comer.
(*Marcos*, 6:31.)

O convite do Mestre, para que os discípulos procurem lugar à parte, a fim de repousarem a mente e o coração na prece, é cada vez mais oportuno.

Todas as estradas terrestres estão cheias dos que vão e vêm, atormentados pelos interesses imediatistas, sem encontrarem tempo para a recepção de alimento espiritual. Inúmeras pessoas atravessam a senda, famintas de ouro, e voltam carregadas de desilusões. Outras muitas correm às aventuras, sedentas de novidade emocional, e regressam com o tédio destruidor.

Nunca houve no mundo tantos templos de pedra, como agora, para as manifestações de religiosidade, e jamais apareceu tamanho volume de desencanto nas almas.

A legislação trabalhista vem reduzindo a atividade das mãos, como nunca; no entanto, em tempo algum surgiram preocupações tão angustiosas como na atualidade.

As máquinas da civilização moderna limitaram espantosamente o esforço humano, todavia, as aflições culminam, presentemente, em guerras de arrasamento científico.

Avançou a técnica da produção econômica em todos os setores, selecionando o algodão e o trigo por intensificar-lhes as colheitas, mas, para os olhos que contemplam a paisagem mundial, jamais se verificou entre os encarnados tamanha escassez de pão e vestuário.

Aprimoraram-se as teorias sociais de solidariedade e nunca houve tanta discórdia.

Como acontecia nos tempos da permanência de Jesus no apostolado, a maioria dos homens permanece no vaivém dos caminhos, entre a procura desorientada e o achado falso, entre a mocidade leviana e a velhice desiludida, entre a saúde menosprezada e a moléstia sem proveito, entre a encarnação perdida e a desencarnação em desespero.

Ó meu amigo, se adotaste efetivamente o aprendizado com o Divino Mestre, retira-te a um lugar à parte, e cultiva os interesses de tua alma.

É possível que não encontres o jardim exterior que facilite a meditação, nem algum pedaço de natureza física onde repouses do cansaço material, todavia, penetra o santuário, dentro de ti mesmo.

Há muitos sentimentos que te animam há séculos, imitando, em teu íntimo, o fluxo e o refluxo da multidão. Passam apressados de teu coração ao cérebro e voltam do cérebro ao coração, sempre os mesmos, incapacitados de acesso à luz espiritual. São os princípios fantasistas de paz e justiça, de amor e felicidade que o plano da carne te impôs. Em certas circunstâncias da experiência transitória, podem ser úteis, entretanto, não vivas exclusivamente ao lado deles. Exerceriam sobre ti o cativeiro infernal.

Refugia-te no templo à parte, dentro de tua alma, porque somente aí encontrarás as verdadeiras noções da paz e da justiça, do amor e da felicidade reais, a que o Senhor te destinou.

148
O herdeiro do Pai

A quem constituiu herdeiro de tudo, por quem fez também o mundo.
PAULO (*Hebreus*, 1:2.)

Cede aos poderes humanos respeitáveis o que lhes cabe por direito lógico da vida, mas não te esqueças de dar ao Senhor o que lhe pertence.

Esta fórmula conciliadora do Evangelho permanece, ainda, palpitante de interesse para o bem-estar do mundo.

Não convém concentrar em organizações mutáveis do plano carnal todas as nossas esperanças e aspirações.

O homem interior renova-se diariamente. Por isso, a ciência que lhe atende as reclamações, nos minutos que passam, não é a mesma que o servia, nas horas que se foram, e a do futuro será muito diversa daquela que o auxilia no presente. A política do pretérito deu lugar à política das lutas modernas. Ao triunfo sanguinolento dos mais fortes ao tempo da selvageria sem peias, seguiu-se a autocracia militarista. A força cedeu à autoridade, a autoridade ao direito. No setor das atividades religiosas, o esforço evolutivo não tem sido menor.

Em vista de semelhantes realidades, por que te apaixonas, com tanta veemência, por criaturas falíveis e programas transitórios?

Os homens de hoje, por mais veneráveis, são herdeiros dos homens de ontem, empenhados na luta gigantesca pela redenção de si mesmos. Poderão prometer maravilhosos reinados de abastança e paz, liberdade e harmonia, entretanto, não fugirão ao serviço de corrigenda dos erros que herdaram, não só daqueles que os antecederam, no campo dos compromissos coletivos, mas igualmente de suas próprias experiências passadas, em tenebrosos desvios do sentimento.

A civilização de agora é sucessora das civilizações que faliram.

As nações que se restauram aproveitam as nações que se desfizeram.

As organizações que surgem na atualidade guardam a herança das que desapareceram na voragem da discórdia e da tirania.

Examinando a fisionomia indisfarçável da verdade, como hipertrofiar o sentimento, definindo-te, em absoluto, por instituições terrestres que carecem, acima de tudo, de teu próprio auxílio espiritual?

Como pode a casa sem teto abrigar-te da intempérie? A planta do arranha-céu, inteligentemente traçada no pergaminho, ainda não é a construção mantenedora da legítima segurança.

Não existem, pois, razões que justifiquem os tormentos dos aprendizes do Cristo, angustiados pelas inquietudes políticas da hora que passa. Semelhante estado d'alma é simples produto de inadvertência perigosa, porque todos devemos saber que os homens falíveis não podem erguer obras infalíveis e que compete a nós outros, partidários do Mestre, a posição de trabalhadores sinceros, chamados a servir e cooperar na obra paciente e longa, mas definitiva e eterna, daquele a quem o Pai "constituiu herdeiro de tudo, por quem fez também o mundo".

149
No culto à prece

E, tendo eles orado, tremeu o lugar onde estavam reunidos e todos ficaram cheios do Espírito Santo.
(*Atos*, 4:31.)

Todos lançamos, em torno de nós, forças criativas ou destrutivas, agradáveis ou desagradáveis ao círculo pessoal em que nos movimentamos.

A árvore alcança-nos com a matéria sutil das próprias emanações.

A aranha respira no centro das próprias teias.

A abelha pode viajar intensivamente, mas não descansa a não ser nos compartimentos da própria colmeia.

Assim também o homem vive no seio das criações mentais a que dá origem.

Nossos pensamentos são paredes em que nos enclausuramos ou asas com que progredimos na ascese.

Como pensas, viverás.

Nossa vida íntima – nosso lugar.

A fim de que não perturbemos as Leis do Universo, a Natureza somente nos concede as bênçãos da vida, de conformidade com as nossas concepções.

Recolhe-te e enxergarás o limite de tudo o que te cerca.

Expande-te e encontrarás o infinito de tudo o que existe.

Para que nos elevemos, com todos os elementos de nossa órbita, não conhecemos outro recurso além da oração, que pede luz, amor e verdade.

A prece, traduzindo aspiração ardente de subida espiritual, através do conhecimento e da virtude, é a força que ilumina o ideal e santifica o trabalho.

Narram os *Atos* que, havendo os apóstolos orado, tremeu o lugar em que se encontravam e ficaram cheios do Espírito Santo: iluminou-se-lhes o anseio de fraternidade, engrandeceram-se-lhes as mentes congregadas em propósitos superiores e a energia santificadora felicitou-lhes o espírito.

Não olvides, pois, que o culto à prece é marcha decisiva. A oração renovar-te-á para a obra do Senhor, dia a dia, sem que tu mesmo possas perceber.

150
A oração do justo

A oração feita por um justo pode muito em seus efeitos.
(*Tiago*, 5:16.)

Considerando as ondas do desejo, em sua força vital, todo impulso e todo anseio constituem também orações que partem da Natureza.

O verme que se arrasta com dificuldade, no fundo está rogando recursos de locomoção mais fácil.

A loba, cariciando o filhotinho, no imo do ser permanece implorando lições de amor que lhe modifiquem a expressão selvagem.

O homem primitivo, adorando o trovão, nos recessos d'alma pede explicações da Divindade, de maneira a educar os impulsos de fé.

Todas as necessidades do mundo, traduzidas no esforço dos seres viventes, valem por súplicas das criaturas ao Criador e Pai.

Por isso mesmo, se o desejo do homem bom é uma prece, o propósito do homem mau ou desequilibrado é também uma rogativa.

Ainda aqui, porém, temos a lei da densidade específica.

Atira uma pedra ao vizinho e o projétil será imediatamente atraído para baixo.

Deixa cair algumas gotas de perfume sobre a fronte de teu irmão e o aroma se espalhará na atmosfera.

Liberta uma serpente e ela procurará uma toca.

Solta uma andorinha e ela buscará a altura.

Minerais, vegetais, animais e almas humanas estão pedindo habitualmente, e a Providência Divina, através da Natureza, vive sempre respondendo.

Há processos de solução demorada e respostas que levam séculos para descerem dos Céus à Terra.

Mas de todas as orações que se elevam para o Alto, o apóstolo destaca a do homem justo como sendo revestida de intenso poder.

É que a consciência reta, no ajustamento à Lei, já conquistou amizades e intercessões numerosas.

Quem ajunta amigos, amontoa amor. Quem amontoa amor, acumula poder.

Aprende, assim, a agir com justiça e bondade e teus rogos subirão sem entraves, amparados pelos veículos da simpatia e da gratidão, porque o justo, em verdade, onde estiver, é sempre um cooperador de Deus.

151
Maledicência

Irmãos, não faleis mal uns dos outros. Quem fala mal de um irmão, e julga a seu irmão, fala mal da lei e julga a lei; e, se tu julgas a lei, já não és observador da lei, mas juiz.
(*Tiago*, 4:11.)

Nem todas as horas são adequadas ao ramo da ternura na esfera das conversações leais.

A palestra de esclarecimento reclama, por vezes, a energia serena em afirmativas sem indecisão; entretanto, é indispensável grande cuidado no que concerne aos comentários posteriores.

A maledicência espera a sinceridade para turvar-lhe as águas e inutilizar-lhe esforços justos.

O mal não merece a coroa das observações sérias. Atribuir-lhe grande importância nas atividades verbais é dilatar-lhe a esfera de ação. Por isso mesmo, o conselho de Tiago reveste-se de santificada sabedoria.

Quando surja o problema de solução difícil, entre um e outro aprendiz, é razoável procurem a companhia do Mestre, solucionando-o à claridade da sua luz, mas que nunca se instalem na sombra, à distância um do outro, para comentários maliciosos da situação, agravando a dor das feridas abertas.

"Falar mal", na legítima significação, será render homenagem aos instintos inferiores e renunciar ao título de cooperador de Deus para ser crítico de suas obras.

Como observamos, a maledicência é um tóxico sutil que pode conduzir o discípulo a imensos disparates.

Quem sorva semelhante veneno é, acima de tudo, servo da tolice, mas sabemos, igualmente, que muitos desses tolos estão a um passo de grandes desventuras íntimas.

152
Vem!

E quem o ouve, diga: – Vem. E quem tem sede, venha.
(Apocalipse, 22:17.)

A Terra é a grande escola das almas em que se educam alunos de todas as idades.

Se atingiste o nível das grandes experiências, não te inquiete a incessante extensão do trabalho.

Não enxergues inimigos nos semelhantes de entendimento imperfeito. Muitos deles não saíram ainda do jardim da infância espiritual.

Dá sempre o bem pelo mal, a verdade pela mentira e o amor pela indiferença...

A inexperiência e a ignorância dos corações que se iniciam na luta fazem, frequentemente, grande algazarra em torno do espírito que procura a si mesmo.

Por isso, padecerás muitas vezes aflição e desânimo.

Não te perturbes, porém.

Se as ilusões e os brinquedos da maioria não mais te satisfazem, é que a madureza te inclina a horizontes mais vastos.

Recorda que somente Jesus é bastante sábio e bastante forte para acalmar-te.

Ouve-lhe o apelo divino, formulado nas derradeiras palavras do seu Testamento de Amor: – "Vem!"

Ninguém te pode impedir o acesso à fonte da luz infinita.

O Mestre é o Eterno Amigo que nos rompe as algemas e nos abre portas renovadoras...

Entretanto, é preciso saibas querer.

O Senhor jamais nos fará violência.

Sofres? Estás fatigado? Tropeças sob os fardos do mundo?

Vem!

Jesus reserva-te os braços abertos.

Vem e atende-o ainda hoje. É verdade que sempre alcançaste ensejos de serviço, que o Mestre sempre foi abnegado e misericordioso para contigo, mas não te esqueças de que as circunstâncias se modificam com as horas e de que nem todos os dias são iguais.

153
Ouçamos

E logo os chamou.
(*Marcos*, 1:20.)

Em alguns círculos do Cristianismo, semelhante passagem, alusiva ao encontro do Senhor com os discípulos, é interpretada simplesmente como sendo um apelo do Cristo ao ministério religioso.

Todavia, podemos imprimir-lhe significado mais amplo.

Em cada situação do caminho, é possível registar[8] o chamamento celeste.

No templo familiar, onde surgem problemas difíceis...

Ante o companheiro desconhecido, que pede cooperação...

À frente do adversário, que espera entendimento e tolerância...

Ao pé do enfermo, que aguarda assistência e carinho...

---
[8] N.E.: Ver nota no capítulo 5.

À face do ignorante, que reclama socorro e ensinamento...

Junto à criança, que roga bondade e compreensão...

Por onde formos, Jesus, Mestre Silencioso, nos chama ao testemunho da lição que aprendemos.

Nas menores experiências, no trabalho ou no lazer, no lar ou na via pública, eis que nos convida ao exercício incessante do bem.

Nesse sentido, o discípulo do Evangelho encontra no mundo o santuário de sua fé e na Humanidade a sua própria família.

Assinalando, pois, a norma cristã, como inspiração para todas as lides cotidianas, ouçamos a palavra do Senhor em todos os ângulos do caminho, procurando segui-lo com invariável fidelidade, hoje e sempre.

154
Ninguém vive para si

Porque nenhum de nós vive para si [...].
Paulo (*Romanos*, 14:7.)

A árvore que plantas produzirá não somente para a tua fome, mas para socorrer as necessidades de muitos.

A luz que acendes clareará o caminho não apenas para os teus pés, mas igualmente para os viajores que seguem ao teu lado.

Assim como o fio d'água influencia a terra por onde passa, as tuas decisões inspiram as decisões alheias.

Milhares de olhos observam-te os passos, milhares de ouvidos escutam-te a voz e milhares de corações recebem-te os estímulos para o bem ou para o mal.

"Ninguém vive para si..." – assevera-nos a Divina Mensagem.

Queiramos ou não, é da Lei que nossa existência pertença às existências que nos rodeiam.

Vivemos para nossos familiares, nossos amigos, nossos ideais...

Ainda mesmo o usurário exclusivista, que se julga sem ninguém, está vivendo para o ouro ou para as utilidades que restituirá a outras vidas superiores ou inferiores para as quais a morte lhe arrebatará o tesouro.

Compreendendo semelhante realidade, observa o teu próprio caminho.

Sentindo, pensas.

Pensando, realizas.

E tudo aquilo que constitui tuas obras, através das intenções, das palavras e dos atos, representará influência de tua alma, auxiliando-te a libertação para a glória da luz ou agravando-te o cativeiro para o sofrimento nas sombras.

Vigia, pois, o teu mundo íntimo e faze o bem que puderes, ainda hoje, porquanto, segundo a sábia conceituação do Apóstolo Paulo, "ninguém vive para si".

155
Aprendamos a agradecer

Em tudo dai graças.
Paulo (*I Tessalonicenses*, 5:18.)

Saibamos agradecer as dádivas que o Senhor nos concede a cada dia:

a largueza da vida;
o ar abundante;
a graça da locomoção;
a faculdade do raciocínio;
a fulguração da ideia;
a alegria de ver;
o prazer de ouvir;
o tesouro da palavra;
o privilégio do trabalho;
o dom de aprender;
a mesa que nos serve;
o pão que nos alimenta;
o pano que nos veste;

as mãos desconhecidas que se entrelaçam no esforço de suprir-nos a refeição e o agasalho;

os benfeitores anônimos que nos transmitem a riqueza do conhecimento;

a conversação do amigo;

o aconchego do lar;

o doce dever da família;

o contentamento de construir para o futuro;

a renovação das próprias forças...

Muita gente está esperando lances espetaculares da "boa sorte mundana", a fim de exprimir gratidão ao Céu.

O cristão, contudo, sabe que as bênçãos da Providência Divina nos enriquecem os ângulos mais simples de cada hora, no espaço de nossas experiências.

Nada existe insignificante na estrada que percorremos.

Todas as concessões do Pai Celeste são preciosas no campo de nossa vida.

Utilizando, pois, o patrimônio que o Senhor nos empresta, no serviço incessante ao bem, aprendamos a agradecer.

156
Parentes

Mas, se alguém não tem cuidado dos seus e principalmente dos da sua família, negou a fé e é pior do que o infiel.
Paulo (*I Timóteo*, 5:8.)

A casualidade não se encontra nos laços da parentela.

Princípios sutis da Lei funcionam nas ligações consanguíneas.

Impelidos pelas causas do passado a reunir-nos no presente, é indispensável pagar com alegria os débitos que nos imanam a alguns corações, a fim de que venhamos a solver nossas dívidas para com a Humanidade.

Inútil é a fuga dos credores que respiram conosco sob o mesmo teto, porque o tempo nos aguardará implacável, constrangendo-nos à liquidação de todos os compromissos.

Temos companheiros de voz adocicada e edificante na propaganda salvacionista, que se fazem verdadeiros trovões de intolerância na atmosfera caseira, acumulando energias desequilibradas em torno das próprias tarefas.

Sem dúvida, a equipe familiar no mundo nem sempre é um jardim de flores. Por vezes, é um espinheiro de preocupações e de angústias, reclamando-nos sacrifício. Contudo, embora necessitemos de firmeza nas atitudes para temperar a afetividade que nos é própria, jamais conseguiremos sanar as feridas do nosso ambiente particular com o chicote da violência ou com o emplastro do desleixo.

Consoante a advertência do apóstolo, se nos falha o cuidado para com a própria família, estaremos negando a fé.

Os parentes são obras de amor que o Pai Compassivo nos deu a realizar. Ajudemo-los, através da cooperação e do carinho, atendendo aos desígnios da verdadeira fraternidade. Somente adestrando paciência e compreensão, tolerância e bondade, na praia estreita do lar, é que nos habilitaremos a servir com vitória, no mar alto das grandes experiências.

157
Crianças

Vede, não desprezeis alguns destes pequeninos [...].
Jesus (*Mateus*, 18:10.)

Quando Jesus nos recomendou não desprezar os pequeninos, esperava de nós não somente medidas providenciais alusivas ao pão e à vestimenta.

Não basta alimentar minúsculas bocas famintas ou agasalhar corpinhos enregelados. É imprescindível o abrigo moral que assegure ao espírito renascente o clima de trabalho necessário à sua sublimação.

Muitos pais garantem o conforto material dos filhinhos, mas lhes relegam a alma a lamentável abandono.

A vadiagem na rua fabrica delinquentes que acabam situados no cárcere ou no hospício, mas o relaxamento espiritual no reduto doméstico gera demônios sociais de perversidade e loucura que em muitas ocasiões, amparados pelo dinheiro ou pelos postos de evidência, atravessam largas faixas do século, espalhando miséria e sofrimento, sombra e ruína, com deplorável impunidade à frente da justiça terrestre.

Não desprezes, pois, a criança, entregando-a aos impulsos da natureza animalizada.

Recorda que todos nos achamos em processo de educação e reeducação, diante do Divino Mestre.

O prato de refeição é importante no desenvolvimento da criatura, todavia, não podemos esquecer "que nem só de pão vive o homem".

Lembremo-nos da nutrição espiritual dos meninos, através de nossas atitudes e exemplos, avisos e correções, em tempo oportuno, de vez que desamparar moralmente a criança, nas tarefas de hoje, será condená-la ao menosprezo de si mesma, nos serviços de que se responsabilizará amanhã.

158
Na ausência do amor

Mas aquele que aborrece a seu irmão está em trevas e anda em trevas e não sabe para onde deva ir, porque as trevas lhe cegaram os olhos.
(I João, 2:11.)

Se não sabes cultivar a verdadeira fraternidade, serás atacado fatalmente pelo pessimismo, tanto quanto a terra seca sofrerá o acúmulo de pó.

Tudo incomoda àquele que se recolhe à intransigência.

Os companheiros que fogem às tarefas do amor são profundamente tristes pelo fel de intolerância com que se alimentam.

Convidados ao esforço de equipe, asseveram que os homens respiram em bancarrota moral.

Trazidos ao culto da fé, supõem reconhecer, em toda a parte, a maldade e a desilusão.

Chamados à caridade, consideram nos irmãos de sofrimento inimigos prováveis, afastando-se irritadiços.

Impelidos a essa ou àquela manifestação de contentamento, recuam, desencantados, crendo surpreender maldade e lama nas menores exteriorizações de beleza festiva.

Caminham no mundo entre a amargura e a desconfiança.

Não há carinho que lhes baste. Vampirizam criaturas por onde estagiam, chorando, reclamando, lamentando...

Não possuem rumo certo. Declaram-se expulsos da sociedade e da família.

É que, incapazes do amor ao próximo, jornadeiam pela Terra, sob o pesado nevoeiro do egoísmo que nos detém tão somente no círculo estreito de nossas necessidades, sem qualquer expressão de respeito para com as necessidades alheias.

Afirmam-se incompreendidos, porque não desejam compreender.

Ausentes do amor, ressecam a máquina da vida, perdendo a visão espiritual.

Impermeáveis ao bem, fazem-se representantes do mal.

Se o pessimismo começa a abeirar-se de teu espírito, recolhe-te à oração e pede ao Senhor te multiplique as forças na resistência, ante o assalto das trevas.

Aprendamos a viver com todos, tolerando para que sejamos tolerados, ajudando para que sejamos ajudados, e o amor nos fará viver, prestimosos e otimistas, no clima luminoso em que a luta e o trabalho são bênçãos de esperança.

159
Na presença do amor

*Aquele que ama a seu irmão está na
luz e nele não há escândalo.*
(*I João*, 2:10.)

Quem ama o próximo sabe, acima de tudo, compreender. E quem compreende sabe livrar os olhos e os ouvidos do venenoso visco do escândalo, a fim de ajudar, ao invés de acusar ou desservir.

É necessário trazer o coração sob a luz da verdadeira fraternidade, para reconhecer que somos irmãos uns dos outros, filhos de um só Pai.

Enquanto nos demoramos na escura fase do apego exclusivo a nós mesmos, encarceramo-nos no egoísmo e exigimos que os outros nos amem. Nesse passo infeliz, não sabemos querer senão a nós próprios, tomando os semelhantes por instrumentos de nossa satisfação.

Mas se realmente amamos o companheiro de caminho, a paisagem de vida se modifica, de vez que a claridade do amor nos banhará a visão.

Ama, pois, e, assim como a lama jamais ofende a luz, a ofensa não mais te alcançará.

Saberás que a miséria é fruto da ignorância e auxiliarás a vítima do mal, nela encontrando o próprio irmão necessitado de apoio e entendimento.

Aprenderás a ouvir sem revolta, ainda mesmo que o crime te procure os ouvidos, e cultivarás a ajuda ao adversário, ainda mesmo quando te vejas dilacerado, porque o perdão com esquecimento absoluto dos golpes recebidos surgirá espontâneo em teu espírito, assim como a tolerância aparece natural na fonte que acolhe no próprio seio as pedras que lhe atiram.

Ama e compreenderás.

Compreende e servirás sempre mais cada dia, porque então permanecerás sob a glória da luz, inacessível a qualquer incursão das trevas.

160
Na luta vulgar

Pois aquilo que o homem semear, isso também ceifará.
Paulo (*Gálatas*, 6:7.)

Não é preciso morrer na carne para conhecer a lei das compensações.

Reparemos a luta vulgar.

O homem que vive na indiferença pelas dores do próximo, recebe dos semelhantes a indiferença pelas dores que lhe são próprias.

Afastemo-nos do convívio social e a solidão deprimente será para nós a resposta do mundo.

Se usamos severidade para com os outros, seremos julgados pelos outros com rigor e aspereza.

Se praticamos em sociedade ou em família a hostilidade e a aversão, entre parentes e vizinhos encontraremos a antipatia e a desconfiança.

Se insultamos nossa tarefa com a preguiça, nossa tarefa relegar-nos-á à inaptidão.

Um gesto de carinho para com o desconhecido na via pública granjear-nos-á o concurso fraterno dos grupos anônimos que nos cercam.

Pequeninas sementeiras de bondade geram abençoadas fontes de alegria.

O trabalho bem vivido produz o tesouro da competência.

Atitudes de compreensão e gentileza estabelecem solidariedade e respeito, junto de nós.

Otimismo e esperança, nobreza de caráter e puras intenções atraem preciosas oportunidades de serviço, em nosso favor.

Todo dia é tempo de semear.

Todo dia é tempo de colher.

Não é preciso atravessar a sombra do túmulo para encontrar a justiça, face a face. Nos princípios de causa e efeito, achamo-nos incessantemente sob a orientação dela, em todos os instantes de nossa vida.

161
No esforço comum

Não sabeis que um pouco de fermento leveda a massa toda?
Paulo (*Gálatas*, 5:9.)

Não nos esqueçamos de que nossos pensamentos, palavras, atitudes e ações constituem moldes mentais para os que nos acompanham.

Cada dia, por nossa vez, sofremos a influência alheia na construção do próprio destino.

E, como recebemos conforme atraímos, e colhemos segundo plantamos, é imprescindível saibamos fornecer o melhor de nós, a fim de que os outros nos proporcionem o melhor de si mesmos.

Todos os teus pensamentos atuam nas mentes que te rodeiam.

Todas as tuas palavras gerarão impulsos nos que te ouvem.

Todas as tuas frases escritas gerarão imagens nos que te leem.

Todos os teus atos são modelos vivos, influenciando os que te cercam.

Por mais que te procures isolar, serás sempre uma peça viva na máquina da existência.

As rodas que pousam no chão garantem o conforto e a segurança do carro.

Somos uma equipe de trabalhadores, agindo em perfeita interdependência.

Da qualidade do nosso esforço nasce o êxito ou surge o fracasso do conjunto.

Nossa vida, em qualquer setor de luta, é uma grande oficina de moldagem.

Escravizar-nos-emos ao cativeiro da sombra ou libertar-nos-emos para a glória da luz, de conformidade com os moldes vivos que as nossas diretrizes e ações estabelecem.

Lembremo-nos da retidão e da nobreza nos mais obscuros gestos.

Recordemos a lição do Evangelho.

"Um pouco de fermento leveda a massa toda."

Façamos do próprio caminho abençoado manancial de trabalho e fraternidade, auxílio e esperança, a fim de que o nosso Hoje Laborioso se converta para nós em Divino Amanhã.

162
Dentro da luta

Não peço para que os tires do mundo,
mas que os livres do mal.
JESUS (*João*, 17:15.)

Não peças o afastamento de tua dor.

Roga forças para suportá-la, com serenidade e heroísmo, a fim de que lhe não percas as vantagens do contato.

Não solicites o desaparecimento das pedras de teu caminho.

Insiste na recepção de pensamentos que te ajudem a aproveitá-las.

Não exijas a expulsão do adversário.

Pede recursos para a elevação de ti mesmo, a fim de que lhe transformes os sentimentos.

Não supliques a extinção das dificuldades.

Procura meios de superá-las, assimilando-lhes as lições.

Nada existe sem razão de ser.

A sabedoria do Senhor não deixa margem à inutilidade.

O sofrimento tem a sua função preciosa nos planos da alma, tanto quanto a tempestade tem o seu lugar importante na economia da natureza física.

A árvore, desde o nascimento, cresce e produz, vencendo resistências.

O corpo da criatura se desenvolve entre perigos de variada espécie.

Aceitemos o nosso dia de serviço, onde e como determine a Vontade Sábia do Senhor.

Apresentando os discípulos ao Pai Celestial, disse o Mestre: "Não peço que os tires do mundo, mas que os livres do mal."

A Terra tem a sua missão e a sua grandeza; libertemo-nos do mal que opera em nós próprios e receber-lhe-emos o amparo sublime, convertendo-nos junto dela em agentes vivos do Abençoado Reino de Deus.

163
Aprendamos com Jesus

Suportando-vos uns aos outros e perdoando-vos uns aos outros, se algum tiver queixa contra outro; assim como o Cristo vos perdoou, assim fazei vós também.
PAULO (*Colossenses*, 3:13.)

É impossível qualquer ação de conjunto, sem base na tolerância.

Aprendamos com o Cristo.

O homem identifica no próprio corpo a lei da cooperação, sem a qual não permaneceria na Terra.

Se o estômago não suportasse as extravagâncias da boca, se as mãos não obedecessem aos impulsos da mente, se os pés não tolerassem o peso da máquina orgânica, a harmonia física resultaria de todo impraticável.

A queixa desfigura a dignidade do trabalho, retardando-lhe a execução.

Indispensável cultivar a renúncia aos pequenos desejos que nos são peculiares, a fim de conquistarmos a capacidade de sacrifício, que nos estruturará a sublimação em mais altos níveis.

Para que o trabalho nos eleve, precisamos elevá-lo.

Para que a tarefa nos ajude, é imprescindível nos disponhamos a ajudá-la.

Recordemos que o Supremo Orientador das equipes de serviço cristão é sempre Jesus. Dentro delas, a nossa oportunidade de algo fazer constitui só por si valioso prêmio.

Esqueçamo-nos, assim, de todo o mal, para construirmos todo o bem ao nosso alcance.

E, para que possamos agir nessas normas, é imperioso suportar-nos como irmãos, aprendendo com o Senhor, que nos tem tolerado infinitamente.

164
Diante de Deus

Pai Nosso [...].
Jesus (*Mateus*, 6:9.)

Para Jesus, a existência de Deus não oferece motivo para contendas e altercações.

Não indaga em torno da natureza do Eterno.

Não pergunta onde mora.

N'Ele não vê a causa obscura e impessoal do Universo.

Chama-lhe simplesmente "nosso Pai".

Nos instantes de trabalho e de prece, de alegria e de sofrimento, dirige-se ao Supremo Senhor, na posição de filho amoroso e confiante.

O Mestre padroniza para nós a atitude que nos cabe perante Deus.

Nem pesquisa indébita.

Nem inquirição precipitada.

Nem exigência descabida.

Nem definição desrespeitosa.

Quando orares, procura a câmara secreta da consciência e confia-te a Deus, como Nosso Pai Celestial.

Sê sincero e fiel.

Na condição de filhos necessitados, a Ele nos rendamos lealmente.

Não perguntes se Deus é um foco gerador de mundos ou se é uma força irradiando vidas.

Não possuímos ainda a inteligência suscetível de refletir-lhe a grandeza, mas trazemos o coração capaz de sentir-lhe o amor.

Procuremos, assim, Nosso Pai, acima de tudo, e Deus, Nosso Pai, nos escutará.

165
Não duvides

[...] O que duvida é semelhante à onda do mar, que é levada pelo vento e lançada de uma para outra parte.
(*Tiago*, 1:6.)

Em teus atos de fé e esperança, não permitas que a dúvida se interponha, como sombra, entre a tua necessidade e o poder do Senhor.

A força coagulante de teus pensamentos, nas realizações que empreendes, procede de ti mesmo, das entranhas de tua alma, porque somente aquele que confia consegue perseverar no levantamento dos degraus que o conduzirão à altura que deseja atingir.

A dúvida, no plano externo, pode auxiliar a experimentação, nesse ou naquele setor do progresso material, mas a hesitação no mundo íntimo é o dissolvente de nossas melhores energias.

Quem duvida de si próprio, perturba o auxílio divino em si mesmo.

Ninguém pode ajudar àquele que se desajuda.

Compreendendo o impositivo de confiança que deve nortear-nos para a frente, insistamos no bem, procurando-o com todas as possibilidades ao nosso alcance.

Abandonemos a pressa e olvidemos o desânimo.

Não importa que a nossa conquista surja triunfante hoje ou amanhã. Vale trabalhar e fazer o melhor que pudermos, aqui e agora, porque a vida se incumbe de trazer-nos aquilo que buscamos.

Avançar sem vacilações, amando, aprendendo e servindo infatigavelmente – eis a fórmula de caminhar com êxito, ao encontro de nossa vitória. E, nessa peregrinação incansável, não nos esqueçamos de que a dúvida será sempre o frio do derrotismo a inclinar-nos para a negação e para a morte.

166
Sigamo-lo

Aquele que me segue não andará em trevas.
Jesus (*João*, 8:12.)

Há quem admire a glória do Cristo. Mas a admiração pura e simples pode transformar-se em êxtase inoperante.

Há quem creia nas promessas do Senhor. Todavia, a crença só por si pode gerar o fanatismo e a discórdia.

Há quem defenda a revelação de Jesus. Entretanto, a defesa considerada isoladamente pode gerar o sectarismo e a cegueira.

Há quem confie no Divino Mestre. Contudo, a confiança estagnada pode ser uma força inerte.

Há quem espere pelo Eterno Benfeitor. No entanto, a expectativa sem trabalho pode ser ansiedade inútil.

Há quem louve o Salvador. Louvor exclusivo, porém, pode coagular a adoração improdutiva.

A palavra do Enviado Celeste, entretanto, é clara e incisiva: "Aquele que me segue não andará em trevas."

Se te afeiçoaste ao Evangelho não te situes por fora do serviço cristão.

Procuremos o Senhor, seguindo-lhe os passos.

Somente assim estaremos com o Cristo, recebendo-lhe a excelsa luz.

167
Observemo-nos

Aquele que diz permanecer n'Ele, deve também andar como Ele andou.
(I João, 2:6.)

Há quem afirme viver com a bondade de Jesus e não hesita em atirar-se contra os semelhantes, através da maledicência e da crueldade.

Há quem assevere compreender o otimismo do Divino Mestre e não vacila em concentrar-se nas sombras do pessimismo e do desespero.

Há quem proclame a fraternidade do Cristo, incentivando a separação e a discórdia.

Há quem exalte o trabalho incessante do Senhor na extensão do bem, acomodando-se na rede da preguiça e do comodismo.

Há quem louve a simplicidade do Eterno Amigo, complicando todos os problemas da estrada.

Há quem glorifique a paciência do Sublime Instrutor, agarrando-se ao pedregulho da agressividade e da intolerância.

Se nos confessamos aprendizes do Evangelho, observemos os nossos próprios passos.

Lembremo-nos de que o nome de Jesus está empenhado em nossas mãos.

Assim compreendendo, afeiçoemo-nos ao Modelo Divino.

Quando o apóstolo nos declara: "aquele que diz permanecer n'Ele, deve também andar como Ele andou" – deseja naturalmente dizer – "quem se afirma seguidor de Jesus, decerto deverá imitar-lhe a conduta, buscando viver na exemplificação em que o Mestre viveu."

168
Entre o berço e o túmulo

Não atentando nós nas coisas que se veem, mas nas que se não veem, porque as que se veem são temporais e as que se não veem são eternas.
Paulo (*II Coríntios*, 4:18.)

    A flor que vemos passa breve, mas o perfume que nos escapa enriquece a economia do mundo.

    O monumento que nos deslumbra sofrerá insultos do tempo, contudo, o ideal invisível que o inspirou brilha, eterno, na alma do artista.

    A Acrópole de Atenas, admirada por milhões de olhos, vai desaparecendo, pouco a pouco, entretanto, a cultura grega que a produziu é imortal na glória terrestre.

    A cruz que o povo impôs ao Cristo era um instrumento de tortura visto por todos, mas o espírito do Senhor, que ninguém vê, é um sol crescendo cada vez mais na passagem dos séculos.

    Não te apegues demasiado à carne transitória.

Amanhã, a infância e a mocidade do corpo serão madureza e velhice da forma.

A terra que hoje reténs será no futuro inevitavelmente dividida. Adornos de que te orgulhas presentemente serão pó e cinza. O dinheiro que agora te serve passará depois a mãos diferentes das tuas.

Usa aquilo que vês, para entesourar o que ainda não podes ver.

Entre o berço e o túmulo, o homem detém o usufruto da terra, com o fim de aperfeiçoar-se.

Não te agarres, pois, à enganosa casca dos seres e das coisas. Aprendendo e lutando, trabalhando e servindo com humildade e paciência na construção do bem, acumularás na tua alma as riquezas da Vida Eterna.

169
Busquemos a Eternidade

[...] ainda que o homem exterior se corrompa, o interior, contudo, se renova dia a dia.
Paulo (*II Coríntios*, 4:16.)

Não te deixes abater, ante as alterações do equipamento físico.

Busquemos a Eternidade.

Moléstias não atingem a alma, quando não se filiam aos remorsos da consciência.

A velhice não alcança o Espírito, quando procuramos viver segundo a luz da imortalidade.

Juventude não é um estado da carne.

Há moços que transitam no mundo, trazendo o coração repleto de pavorosas ruínas.

Lembremo-nos de que o homem interior se renova sempre. A luta enriquece-o de experiência, a dor aprimora-lhe as emoções e o sacrifício tempera-lhe o caráter.

O Espírito encarnado sofre constantes transformações por fora, a fim de acrisolar-se e engrandecer-se por dentro.

Recorda que o estágio na Terra é simples jornada espiritual.

Assim como o viajante usa sandálias, gastando-as pelo caminho, nossa alma apropria-se das formas, utilizando-as na marcha ascensional para a Grande Luz.

Descerra, pois, o receptor de teu coração à onda sublime dos mais nobres ideais e dos mais belos pensamentos e aprendamos a viver longe do cupim do desânimo, e nosso Espírito, ainda mesmo nas mais avançadas provas da enfermidade ou da senectude, será como sol radiante, a exteriorizar-se em cânticos de trabalho e alegria, expulsando a sombra e a amargura, onde estivermos.

170
Rotulagem

Mas quem não possui o espírito do Cristo, esse não é d'Ele.
PAULO (*Romanos,* 8:9.)

A rotulagem não tranquiliza.
Procuremos a essência.
Há louvores em memória do Cristo, em muitos estandartes que estimulam a animosidade entre irmãos.
Há símbolos do Cristo em numerosos tribunais que, em muitas ocasiões, apenas exaltam a injustiça.
Há preciosas referências ao Cristo, em vozes altamente categorizadas da cultura terrestre, que, em nome do Evangelho, procuram estender a miséria e a ignorância.
Há juramentos por Cristo, através de conversações que constituem vastos corredores na direção das trevas.
Há invocações verbais ao Cristo, em operações puramente comerciais, que são escuros atentados à harmonia da consciência.
Meditemos na extensão de nossos deveres morais, no círculo das responsabilidades que abraçamos com a fé cristã.

Jesus permanece em imagens, cartazes, bandeiras, medalhas, adornos, cânticos, poemas, narrativas, discursos, sermões, estudos e contendas, mas isso é muito pouco se lhe não possuímos o ensinamento vivo, na consciência e no coração.

É sempre fácil externar entusiasmo e convicção, votos brilhantes e frases bem feitas.

Acautelemo-nos, porém, contra o perigo da simples rotulagem. Com o apóstolo, não nos esqueçamos de que, se não possuímos o espírito do Cristo, d'Ele nos achamos ainda consideravelmente distantes.

171
Testemunho

Pois para isto é que fostes chamados,
porque também o Cristo padeceu por vós,
deixando-vos exemplo para que lhe sigais as pegadas.
(I Pedro, 2:21.)

Muitos se queixam da luta moral em que se sentem envolvidos, depois da aceitação do Evangelho.

Em caminhos diferentes, sentem-se modificados.

Não mais mergulham nas correntes escuras da vaidade.

Não mais se comprazem no orgulho.

Não mais se compadecem com o egoísmo.

Não mais rendem culto à discórdia.

E, por isso, de alma desenfaixada, por perderem velhos envoltórios da ilusão, reconhecem que a sensibilidade se lhes aguça, agravando-lhes as aflições na romagem do mundo.

Sentem-se expostos a doloroso processo de burilamento e admitem padecer, mais que os outros, angustiosas provas. Mas, na sublimação espiritual de que oferecem testemunho, outros filhos da Terra tomam contato com a Boa-Nova, descobrindo as excelsitudes da vida cristã e estendendo-lhe a luz divina.

Se nos encontrarmos, pois, em extremos desajustes na vida íntima, à face dos problemas suscitados pela fé, saibamos superar corajosamente os conflitos da senda, optando sempre pelo sacrifício de nós mesmos, em favor do bem geral, de vez que não fomos trazidos à comunhão com Jesus, simplesmente para o ato de crer, mas para contribuir na extensão do Reino de Deus, ao preço de nossa própria renovação.

Ninguém recue, diante do sofrimento. Aprendamos a usá-lo, na edificação da vida mais eficiente, em frutos de paz e luz, serviço e fraternidade, bom ânimo e alegria, porque, segundo o Evangelho, "a isso fomos chamados", com o exemplo do Divino Mestre, que renunciou em nosso benefício, deixando-nos o padrão de altura espiritual que nos compete atingir.

172
Ante o Cristo libertador

Eu sou a porta.
JESUS (*João*, 10:7.)

Segundo os léxicos, a palavra "porta" designa "uma abertura em parede, ao rés do chão ou na base de um pavimento, oferecendo entrada e saída".

Entretanto, simbolicamente, o mundo está repleto de portas enganadoras. Dão entrada sem oferecerem saída.

Algumas delas são avidamente disputadas pelos homens que, afoitos na conquista de posses efêmeras, não se acautelam contra os perigos que representam.

Muitos batem à porta da riqueza amoedada e, depois de acolhidos, acordam encarcerados nos tormentos da usura.

Inúmeros forçam a passagem para a ilusão do poder humano e despertam detidos pelas garras do sofrimento.

Muitíssimos atravessam o portal dos prazeres terrestres e reconhecem-se, de um momento para outro, nas malhas da aflição e da morte.

Muitos varam os umbrais da evidência pública, sequiosos de popularidade e influência, acabando emparedados na masmorra do desespero.

O Cristo, porém, é a porta da Vida Abundante.

Com Ele, submetemo-nos aos desígnios do Pai Celestial e, nessa diretriz, aceitamos a existência como aprendizado e serviço, em favor de nosso próprio crescimento para a Imortalidade.

Vê, pois, a que porta recorres na luta cotidiana, porque apenas por intermédio do ensinamento do Cristo alcançarás o caminho da verdadeira libertação.

173
Ante a luz da Verdade

Conhecereis a verdade e a verdade vos libertará.
Jesus (*João*, 8:32.)

A palavra do Mestre é clara e segura.

Não seremos libertados pelos "aspectos da verdade" ou pelas "verdades provisórias" de que sejamos detentores no círculo das afirmações apaixonadas a que nos inclinemos.

Muitos, em política, filosofia, ciência e religião, se afeiçoam a certos ângulos da verdade e transformam a própria vida numa trincheira de luta desesperada, a pretexto de defendê-la, quando não passam de prisioneiros do "ponto de vista".

Muitos aceitam a verdade, estendem-lhe as lições, advogam-lhe a causa e proclamam-lhe os méritos, entretanto, a verdade libertadora é aquela que conhecemos na atividade incessante do Eterno Bem.

Penetrá-la é compreender as obrigações que nos competem.

Discerni-la é renovar o próprio entendimento e converter a existência num campo de responsabilidade para com *o melhor*.

Só existe verdadeira liberdade na submissão ao dever fielmente cumprido.

Conhecer, portanto, a verdade é perceber o sentido da vida.

E perceber o sentido da vida é crescer em serviço e burilamento constantes.

Observa, desse modo, a tua posição diante da Luz...

Quem apenas vislumbra a glória ofuscante da realidade, fala muito e age menos. Quem, todavia, lhe penetra a grandeza indefinível, age mais e fala menos.

174
Mãos estendidas

Estende a tua mão. E ele a estendeu e foi-lhe restituída a sua mão, sã como a outra.
(*Marcos*, 3:5.)

Em todas as casas de fé religiosa, há crentes de mãos estendidas, suplicando socorro...

Almas aflitas revelam ansiedade, fraqueza, desesperança e enfermidades do coração.

Não seremos todos nós, encarnados e desencarnados, que algo rogamos à Providência Divina, semelhantes ao homem que trazia a mão seca?

Presos ao labirinto criado por nós mesmos, eis-nos a reclamar o auxílio do Divino Mestre...

Entretanto, convém ponderar a nossa atitude.

É justo pedir e ninguém poderá cercear quaisquer manifestações da humildade, do arrependimento, da intercessão.

Mas é indispensável examinar o modo de receber.

Muita gente aguarda a *resposta materializada* de Jesus.

Esse espera o dinheiro, aquele conta com a evidência social de improviso, aquele outro exige a imediata transformação das circunstâncias no caminho terrestre...

Observemos, todavia, o socorro do Mestre ao paralítico.

Jesus determina que ele estenda a mão mirrada e, estendida essa, não lhe confere bolsas de ouro nem fichas de privilégio. Cura-a. Devolve-lhe a oportunidade de serviço.

A mão recuperada naquele instante permanece tão vazia quanto antes.

É que o Cristo restituía-lhe o ensejo bendito de trabalhar, conquistando sagradas realizações por si mesmo; recambiava-o às lides redentoras do bem, nas quais lhe cabia edificar-se e engrandecer-se.

A lição é expressiva para todos os templos da comunidade cristã.

Quando estenderes tuas mãos ao Senhor, não esperes facilidades, ouro, prerrogativas... Aprende a receber-lhe a assistência, porque o Divino Amor te restaurará as energias, mas não te proporcionará qualquer fuga às realizações do teu próprio esforço.

175
Mudança

*Mas não o receberam, porque o seu aspecto
era como de quem ia a Jerusalém.*
(*Lucas*, 9:53.)

Digna de nota a presente passagem de Lucas.

Reparando os samaritanos que Jesus e os discípulos se dirigiam a Jerusalém, negaram-se a recebê-los.

Identificaram-nos pelo aspecto.

Se fossem viajores com destino a outros lugares, talvez lhes oferecessem hospedagem, reconforto, alegria...

Não se verifica, até hoje, o mesmo fenômeno com os verdadeiros continuadores do Mestre?

Jerusalém, para nós, simboliza aqui *testemunho de fé*.

E basta que alguém se encaminhe resolutamente a semelhante domínio espiritual, para que os homens comuns, desorientados e discutidores, lhe cerrem as portas do coração.

Os descuidados, que rumam na direção dos prazeres fáceis, encontram imediato acolhimento entre os novos samaritanos do mundo.

Mulheres inquietas, homens enganadores e doentes espirituais bem apresentados possuem, por enquanto, na Terra, luzida assembleia de companheiros.

Todavia, quando o aprendiz de Jesus acorda na estrada humana, verificando que é indispensável fornecer testemunho da sua confiança em Deus, com a negação de velhos caprichos, na maior parte das vezes é constrangido a seguir sem ninguém.

É que, habitualmente, em tais ocasiões, o homem se revela modificado.

Não dá a impressão comum da criatura disposta a satisfazer-se.

É alguém resolvido a renunciar aos próprios defeitos e a anulá-los, a golpes de imenso esforço, para esposar a cruz redentora que o identificará com o Mestre Divino...

Por essa razão, mesmo portas adentro do lar, quase sempre não será plenamente reconhecido, porque seu aspecto sofreu metamorfose profunda... Ele mostra o sinal de quem tomou o rumo da definitiva renovação interior para Deus, disposto a consagrar-se ao eterno bem e a soerguer seu coração no grande caminho...

176
Necessidade do Bem

E consideremo-nos uns aos outros para nos estimularmos à caridade e às boas obras.
Paulo (*Hebreus*, 10:24.)

Muitas instituições da vida cristã, respeitáveis por seus programas e fundamentos, sofrem prejuízos incalculáveis, em razão da leviandade com que muitos companheiros se observam uns aos outros.

Aqui, comenta-se o passado desairoso de quem procura hoje recuperar-se dignamente, ali, pequenos gestos infelizes são analisados, através das escuras lentes do sarcasmo e da crítica...

A censura e a reprovação indiscriminadas, todavia, derramam-se na família de ideal, como chuva de corrosivos na plantação, aniquilando germes nascentes, destruindo flores viçosas e envenenando frutos destinados aos celeiros do progresso comum.

Nunca é demais repetir a necessidade de perdão, bondade e otimismo, em nossas fileiras e atividades.

Lembremo-nos de que, com o nosso auxílio, tudo hoje pode ser melhor que ontem, e tudo amanhã será melhor que hoje.

O mal, em qualquer circunstância, é desarmonia à frente da Lei e todo desequilíbrio redunda em dificuldade e sofrimento.

Examinemo-nos mutuamente, acendendo a luz da fraternidade para que a fraternidade nos clareie os destinos.

Sem perseverança no bem, não há caminho para a felicidade.

Por isso mesmo, recomendou-nos o Apóstolo Paulo: – "E consideremo-nos uns aos outros para nos estimularmos à caridade e às boas obras", porque somente nessa diretriz estaremos servindo à construção do Reino do Amor.

177
Riqueza para o Céu

Ajuntai tesouros no Céu [...].
Jesus (*Mateus*, 6:20.)

Quem se aflige indebitamente, ao ver o triunfo e a prosperidade de muitos homens impiedosos e egoístas, no fundo dá mostras de inveja, revolta, ambição e desesperança. É preciso que assim não seja!

Afinal, quem pode dizer que retém as vantagens da Terra, com o devido merecimento?

Se observamos homens e mulheres, despojados de qualquer escrúpulo moral, detendo valores transitórios do mundo, tenhamos, ao revés, pena deles.

A palavra do Cristo é clara e insofismável. – "Amontoa tesouros no Céu" – disse-nos o Senhor.

Isso quer dizer "acumulemos valores íntimos para comungar a glória eterna!"

Efêmera será sempre a galeria de evidência carnal.

Beleza física, poder temporário, propriedade passageira e fortuna amoedada podem ser simples atributo da máscara humana, que o tempo transforma, infatigável.

Amealhemos bondade e cultura, compreensão e simpatia.

Sem o tesouro da educação pessoal é inútil a nossa penetração nos Céus, porquanto estaríamos órfãos de sintonia para corresponder aos apelos da Vida Superior.

Cresçamos na virtude e incorporemos a verdadeira sabedoria, porque amanhã serás visitado pela mão niveladora da morte e possuirás tão somente as qualidades nobres ou aviltantes que houveres instalado em ti mesmo.

178
Reverência e piedade

Sirvamos a Deus, alegremente, com reverência e piedade.
Paulo (*Hebreus*, 12:28.)

"Sirvamos a Deus, alegremente" – solicita o apóstolo –, mas não se esquece de acentuar a maneira pela qual nos compete servi-lo.

Não poderíamos estender a tristeza nas tarefas do bem.

Todos os elementos da Natureza obedecem às Leis do Senhor, revelando alegria.

Brilha a constelação dentro da noite.

O Sol transborda calor e luz.

Cobre-se a Terra de flor e verdura.

Tem a fonte uma cantiga peculiar.

Entoa o pássaro melodias de louvor.

Não seria justo, pois, trazer, ao serviço que o Mestre nos designa, o pessimismo e a amargura.

O contentamento de ajudar é um dos sinais de nossa fé.

Entretanto, é necessário que a nossa alegria não se desmande em excessos.

Nem ruído inadequado, nem conceitos impróprios.

Nem palavras menos dignas, nem gargalhadas que poderiam apenas sugerir sarcasmo e desprezo.

Sirvamos alegremente, com reverência e piedade.

Reverência para com o Senhor e piedade para com o próximo.

Não podes pessoalizar o Todo-Misericordioso para agradá-lo, mas podemos servi-lo diariamente na pessoa dos nossos irmãos de luta.

Conduzamos, assim, o carro de nosso trabalho sobre os trilhos do respeito e da caridade e encontraremos, em nosso favor, a alegria que nunca se extingue.

179
Reparemos nossas mãos

[...] Mostrou-lhes as suas mãos [...].
(*João*, 20:20.)

Reaparecendo aos discípulos, depois da morte, eis que Jesus, ao se identificar, lhes deixa ver o corpo ferido, mostrando-lhes destacadamente as mãos...

As mãos que haviam restituído a visão aos cegos, levantado paralíticos, curado enfermos e abençoado velhinhos e crianças, traziam as marcas do sacrifício.

Traspassadas pelos cravos da cruz, lembravam-lhe a suprema renúncia.

As mãos do Divino Trabalhador não recolheram do mundo apenas calos do esforço intensivo na charrua do bem. Receberam feridas sanguinolentas e dolorosas...

O ensinamento recorda-nos a atividade das mãos em todos os recantos do Globo.

O coração inspira.

O cérebro pensa.

As mãos realizam.

Em toda a parte, agita-se a vida humana pelas mãos que comandam e obedecem.

Mãos que dirigem, que constroem, que semeiam, que afagam, que ajudam e que ensinam... E mãos que matam, que ferem, que apedrejam, que batem, que incendeiam, que amaldiçoam...

Todos possuímos nas mãos antenas vivas por onde se nos exterioriza a vida espiritual.

Reflete, pois, sobre o que fazes, cada dia.

Não olvides que, além da morte, nossas mãos exibem os sinais da nossa passagem pela Terra. As do Cristo, o Eterno Benfeitor, revelavam as chagas obtidas na divina lavoura do amor. As tuas, amanhã, igualmente falarão de ti, no Mundo Espiritual, onde, interrompida a experiência terrestre, cada criatura arrecada as bênçãos ou as lições da vida, de acordo com as próprias obras.

180
Natal

*Glória a Deus nas Alturas, paz na Terra e
boa vontade para com os homens.*
(*Lucas*, 2:14.)

As legiões angélicas, junto à Manjedoura, anunciando o Grande Renovador, não apresentaram qualquer palavra de violência.

Glória a Deus no Universo Divino.

Paz na Terra.

Boa vontade para com os Homens.

O Pai Supremo, legando a nova era de segurança e tranquilidade ao mundo, não declarava o Embaixador Celeste investido de poderes para ferir ou destruir.

Nem castigo ao rico avarento.

Nem punição ao pobre desesperado.

Nem desprezo aos fracos.

Nem condenação aos pecadores.

Nem hostilidade para com o fariseu orgulhoso.

Nem anátema contra o gentio inconsciente.

Derramava-se o Tesouro Divino, pelas mãos de Jesus, para o serviço da Boa Vontade.

A justiça do "olho por olho" e do "dente por dente" encontrara, enfim, o amor disposto à sublime renúncia até a cruz.

Homens e animais, assombrados ante a luz nascente na estrebaria, assinalaram júbilo inexprimível...

Daquele inolvidável momento em diante a Terra se renovaria.

O algoz seria digno de piedade.

O inimigo converter-se-ia em irmão transviado.

O criminoso passaria à condição de doente.

Em Roma, o povo gradativamente extinguiria a matança nos circos. Em Sídon, os escravos deixariam de ter os olhos vazados pela crueldade dos senhores. Em Jerusalém, os enfermos não mais sofreriam, relegados ao abandono nos vales de imundície.

Jesus trazia consigo a mensagem da verdadeira fraternidade e, revelando-a, transitou vitorioso, do berço de palha ao madeiro sanguinolento.

Irmão, que ouves no Natal os ecos suaves do cântico milagroso dos anjos, recorda que o Mestre veio até nós para que nos amemos uns aos outros.

Natal! Boa-Nova! Boa Vontade!...

Estendamos a simpatia para com todos e comecemos a viver realmente com Jesus, sob os esplendores de um novo dia.

Índice das obras por capítulos e versículos[9]

Capítulo Versículo	Capítulo Obra
Mateus	
1:21	174 VL
4:4	18 FV
4:25	144 FV
5:1	104 FV
5:2	17 VL
5:7	69 PVE
5:9	70 PVE
5:9	79 PVE
5:14	76 CVV
5:14	105 FV
5:15	81 FV
5:16	180 CVV
5:16	13 PVE
5:16	159 VL
5:20	112 PVE
5:20	161 VL
5:25	120 PN
5:25	111 PVE
5:25	178 PVE
5:37	80 PN
5:39	62 VL
5:39	63 VL
5:44	16 PVE
5:44	41 VL
5:46	96 FV
5:47	60 VL
6:6	172 PVE
6:9	77 FV
6:9	164 FV
6:13	57 VL
6:14	135 FV
6:20	177 FV
6:20	156 PN
6:22	71 PVE
6:25	8 PVE
6:31	86 VL
6:33	18 VL
6:34	152 VL
7:2	76 PVE

Capítulo Versículo	Capítulo Obra
7:2	179 PVE
7:3	113 FV
7:3	35 PVE
7:6	93 VL
7:9	166 PVE
7:12	66 PVE
7:16	7 FV
7:20	122 CVV
7:24	9 PN
8:3	37 PVE
8:3	147 PVE
8:22	143 FV
9:11	137 CVV
9:16	1 PVE
9:35	51 PN
9:37	148 PN
10:14	71 PN
10:25	103 CVV
10:34	104 CVV
11:15	72 PVE
11:28	172 CVV
11:28	5 FV
11:29	130 PN
12:20	162 CVV
13:3	64 FV
13:8	51 PVE
13:30	107 VL
13:38	68 VL
14:19	91 VL
14:23	6 CVV
15:18	97 VL
17:9	128 CVV
18:8	108 CVV
18:10	157 FV
18:33	20 CVV
19:6	164 CVV
19:22	149 CVV
19:26	33 PVE
19:27	22 FV
19:29	154 CVV
20:4	29 PN

Capítulo Versículo	Capítulo Obra
20:22	65 CVV
20:28	4 PN
22:39	41 CVV
24:13	36 PN
24:16	140 CVV
24:20	113 VL
24:28	32 PN
24:42	132 VL
25:15	7 PVE
25:25	132 FV
25:40	137 FV
26:22	12 PVE
26:23	104 VL
26:27	19 PVE
26:40	88 CVV
26:41	110 FV
26:50	90 CVV
26:56	94 VL
26:58	89 CVV
27:4	91 PN
27:8	91 CVV
27:22	100 VL
27:23	70 FV
27:42	46 FV
28:19-20	116 FV
28:20	83 PVE
28:20	149 PVE
Marcos	
1:20	153 FV
1:24	144 CVV
1:38	38 CVV
2:27	30 PN
2:4	118 CVV
3:5	174 FV
3:23	146 CVV
4:15	25 PN
4:17	180 VL
4:19	40 VL
4:28	102 CVV
4:32	35 CVV
4:33	143 PN

[9] N.E.: Abreviaturas utilizadas: CVV: Caminho, verdade e vida; PN: Pão nosso; VL: Vinha de luz; FV: Fonte viva; PVE: Palavras de vida eterna.

Fonte viva

Capítulo Versículo	Capítulo Obra	Capítulo Versículo	Capítulo Obra	Capítulo Versículo	Capítulo Obra
5:9	143 CVV	6:35	137 PN	15:29	98 PVE
5:9	167 PVE	6:38	72 PN	16:2	75 FV
5:19	168 PVE	6:44	121 CVV	16:9	111 PN
5:19	111 VL	6:46	47 CVV	16:9	112 PN
5:23	153 CVV	7:22	144 PVE	16:13	142 CVV
6:31	147 FV	8:13	124 CVV	16:29	116 PN
6:31	34 PN	8:17-18	52 PVE	17:20	107 CVV
6:31	152 PVE	8:25	40 CVV	17:21	177 VL
6:32	168 CVV	8:28	19 PN	17:23	19 CVV
6:37	131 FV	8:48	113 PN	17:31	134 VL
6:37	11 PVE	9:20	161 PN	18:1	61 FV
6:56	70 CVV	9:23	15 PVE	18:41	44 CVV
7:7	37 CVV	9:26	51 VL	18:43	34 VL
8:2	6 VL	9:28	105 CVV	19:13	2 VL
8:3	124 PN	9:30	67 CVV	19:42	38 PN
8:5	133 FV	9:35	32 CVV	19:48	47 VL
8:5	9 PVE	9:44	70 VL	21:13	71 CVV
8:11	145 VL	9:53	175 FV	21:19	171 PVE
8:34	74 PVE	9:62	3 PN	21:34	23 VL
8:36	58 CVV	10:3	144 VL	22:12	144 PN
8:36	6 PVE	10:5	108 PVE	22:27	59 VL
8:36	73 PVE	10:6	65 VL	22:32	15 CVV
9:24	123 PN	10:9	44 PN	22:32	45 VL
9:35	56 VL	10:20	145 CVV	22:42	151 PVE
10:43	155 CVV	10:28	157 CVV	22:46	87 CVV
10:45	82 FV	10:29	126 FV	23:26	140 FV
10:50	98 CVV	10:41	3 VL	23:31	82 CVV
10:51	89 FV	10:42	32 FV	23:34	38 FV
11:12	162 PVE	11:1	167 CVV	23:34	61 PVE
11:25	45 PN	11:3	174 CVV	23:43	81 PN
12:17	102 PN	11:9	109 PN	24:11	9 VL
12:27	42 PN	11:10	109 CVV	24:16	95 CVV
12:29	105 PN	11:11	166 VL	24:35	129 PN
12:38	28 CVV	11:13	63 PN	24:48	161 CVV
13:11	65 PVE	11:28	70 PN		João
13:33	87 VL	11:35	33 VL	1:5	106 FV
14:38	3 PVE	11:41	60 FV	1:23	16 CVV
15:17	96 CVV	12:15	165 CVV	1:38	22 CVV
15:21	103 PN	12:15	52 VL	2:5	171 CVV
15:30	94 CVV	12:20	56 CVV	2:25	109 FV
15:30	25 PVE	12:20	35 VL	3:3	56 FV
15:32	131 PN	12:21	120 FV	3:7	110 CVV
16:7	67 VL	12:26	31 CVV	3:7	177 PVE
16:16	163 CVV	12:34	64 CVV	3:10	111 CVV
16:17	174 PN	13:24	20 VL	3:12	136 CVV
	Lucas	13:26	34 CVV	3:16	60 PVE
1:79	85 VL	13:33	20 PN	3:30	76 VL
2:14	180 FV	14:10	39 PN	3:34	2 PVE
2:49	27 CVV	14:10	43 PN	4:34	42 VL
3:13	19 VL	14:18	128 PVE	4:35	10 VL
3:14	5 PN	14:21	127 PVE	5:17	4 CVV
3:17	90 PN	14:27	58 FV	5:29	127 PN
4:21	141 CVV	14:27	18 PVE	5:30	101 CVV
5:4	21 PN	14:35	121 PN	5:40	36 FV
5:31	28 FV	15:17	88 FV	6:10	25 CVV
6:19	110 PN	15:17	24 PN	6:12	171 PN
6:22	89 PN	15:18	13 FV	6:30	92 FV
6:26	80 CVV	15:20	97 PVE	6:32	173 VL
6:30	106 CVV	15:29	157 PN	6:48	134 PVE

387

Francisco Cândido Xavier / Emmanuel

Capítulo Versículo	Capítulo Obra	Capítulo Versículo	Capítulo Obra	Capítulo Versículo	Capítulo Obra
6:60	176 CVV	15:7	64 PVE	9:41	33 FV
6:63	118 PVE	15:8	45 FV	10:15	23 FV
6:68	59 FV	15:8	17 PVE	10:29	54 PN
6:68	151 PN	15:13	86 CVV	11:24	12 VL
6:70	164 PN	15:14	135 PVE	12:10	100 CVV
7:6	73 CVV	15:14	174 PVE	14:10	79 CVV
7:20	177 CVV	16:1	101 VL	14:15	33 PN
8:4	85 PN	16:3	128 PN	14:22	159 PN
8:5	43 CVV	16:4	114 VL	15:29	126 CVV
8:11	50 PN	16:7	125 PN	16:9	160 CVV
8:12	166 FV	16:20	93 CVV	16:31	88 VL
8:12	146 VL	16:24	66 CVV	17:32	114 PN
8:32	173 FV	16:27	150 PN	19:2	14 FV
8:32	130 PVE	16:32	170 CVV	19:2	87 FV
8:35	125 CVV	16:33	136 PVE	19:5	158 CVV
8:38	12 CVV	16:33	155 VL	19:11	74 CVV
8:43	48 FV	17:14	169 CVV	19:15	63 CVV
8:45	78 CVV	17:15	30 CVV	20:35	117 FV
8:58	133 CVV	17:15	162 FV	21:13	119 PN
9:4	127 CVV	17:17	139 VL	22:10	112 FV
9:25	95 FV	17:18	180 PN	22:16	147 CVV
9:27	37 PN	18:11	114 FV	26:24	49 PN
10:7	172 FV	18:34	85 CVV	**Romanos**	
10:7	115 PN	18:36	133 PN	1:17	23 CVV
10:9	178 CVV	19:5	127 FV	1:20	55 PN
10:10	166 CVV	20:1	168 PN	2:6	101 PVE
10:10	104 PVE	20:16	92 CVV	2:10	42 CVV
10:25	2 PN	20:19	9 CVV	3:13	51 FV
11:9	153 PN	20:19	47 PVE	3:16	27 FV
11:23	151 VL	20:20	179 FV	5:3	119 VL
11:44	112 CVV	20:21	53 CVV	5:3	142 VL
11:44	75 PVE	20:21	165 VL	6:23	122 VL
12:10	61 VL	20:22	11 VL	7:10	16 FV
12:11	113 CVV	20:24	100 FV	7:21	136 PN
12:26	11 CVV	21:6	21 CVV	8:9	170 FV
12:35	6 PN	21:17	97 CVV	8:9	160 PVE
12:40	139 CVV	21:17	19 FV	8:9	168 VL
12:43	33 CVV	21:22	2 CVV	8:13	78 PN
13:8	5 CVV	21:22	89 PVE	8:13	82 PN
13:17	49 CVV	**Atos**		8:17	120 VL
13:34	179 CVV	1:8	173 PN	8:31	154 PN
13:35	15 FV	2:13	103 VL	10:11	13 VL
13:35	63 FV	2:17	10 CVV	11:23	78 FV
14:1	36 PVE	2:21	129 VL	12:2	107 FV
14:2	44 FV	2:42	39 VL	12:2	167 PN
14:6	175 VL	2:47	29 PVE	12:2	31 PVE
14:6	176 VL	3:6	106 PN	12:2	131 PVE
14:10	117 PVE	3:19	13 PN	12:2	158 PVE
14:15	175 PVE	4:31	149 FV	12:15	92 FV
14:27	46 PVE	4:31	98 VL	12:16	118 FV
14:27	56 PVE	4:33	176 PN	12:20	166 PN
14:27	57 PVE	5:15	172 PN	12:21	35 FV
14:22	134 CVV	5:16	175 PN	12:21	10 PVE
14:27	105 VL	8:31	175 CVV	12:21	30 PVE
14:31	84 CVV	9:5	150 CVV	13:7	150 VL
15:4	103 PVE	9:6	39 CVV	14:6	1 CVV
15:5	55 CVV	9:10	17 FV	14:7	154 FV
15:5	146 FV	9:16	125 VL	14:10	40 PVE
15:7	59 PN	9:18	149 VL	14:12	50 CVV

Fonte viva

Capítulo Versículo	Capítulo Obra	Capítulo Versículo	Capítulo Obra	Capítulo Versículo	Capítulo Obra
14:12	102 PVE	15:33	74 PN	6:4	82 PVE
14:12	170 PVE	15:37	7 PN	6:7	160 FV
14:14	94 PN	15:44	171 VL	6:7	110 PVE
14:15	83 PN	15:51	158 VL	6:8	53 VL
14:19	24 VL	15:58	69 FV	6:9	124 FV
14:22	14 CVV	15:58	44 PVE	6:9	82 VL
15:1	46 PN	15:58	115 PVE	6:10	129 PVE
15:4	75 VL	16:13	90 FV	6:10	145 PVE
16:20	27 PN	16:14	31 PN	6:10	169 PVE
I Coríntios		**II Coríntios**		**Efésios**	
1:17	138 PN	1:12	119 CVV	4:1	126 VL
1:18	97 FV	1:12	155 PVE	4:3	49 FV
1:19	164 VL	2:1	156 PVE	4:7	25 FV
1:23	7 VL	3:3	114 CVV	4:15	146 PN
2:12	106 VL	3:16	26 VL	4:20	159 CVV
2:16	176 PVE	4:5	55 FV	4:23	67 FV
3:2	121 VL	4:7	21 PVE	4:23	90 PVE
3:6	138 CVV	4:7	43 PVE	4:28	142 FV
3:9	68 FV	4:7	88 PVE	4:28	163 PVE
3:9	48 VL	4:8	102 VL	4:29	45 CVV
3:13	18 PN	4:16	62 FV	4:29	164 PVE
3:16	30 FV	4:16	141 FV	4:31	59 PVE
4:2	115 FV	4:16	169 FV	4:32	14 PVE
4:2	124 PVE	4:18	168 FV	4:32	38 VL
4:9	57 FV	5:10	Pref. PN	5:8	143 PVE
4:19	72 VL	5:14	74 FV	5:8	160 VL
4:21	152 PN	5:17	7 CVV	5:11	67 PN
5:6	76 FV	5:17	125 PVE	5:14	66 FV
5:6	108 FV	5:20	115 CVV	5:14	68 PN
5:7	64 VL	6:4	132 PN	5:20	91 PVE
6:7	142 PN	6:2	150 PVE	5:20	113 PVE
6:13	172 VL	6:2	153 PVE	5:28	93 PN
8:1	152 CVV	6:16	138 VL	5:33	137 VL
8:2	44 VL	7:2	126 PVE	6:1	136 VL
9:22	72 FV	7:2	147 VL	6:4	135 VL
9:26	26 PVE	7:9	153 VL	6:6	4 VL
9:27	158 PN	7:10	130 CVV	6:7	29 FV
10:7	52 PN	8:1	180 PVE	6:10	111 FV
10:23	28 PN	9:7	58 PN	6:12	160 PN
11:19	36 CVV	10:7	65 FV	6:13	115 VL
12:4	4 FV	12:7	126 PN	6:16	141 VL
12:4	42 PVE	12:15	53 FV	6:17	140 VL
12:6	96 VL	13:5	99 VL	6:20	53 PN
12:7	162 PN	13:7	78 PVE	**Filipenses**	
12:27	157 PVE	13:10	32 VL	1:9	91 FV
12:27	148 VL	13:11	123 PVE	1:9	116 VL
12:31	54 FV	**Gálatas**		1:29	104 PN
13:4	93 PVE	1:10	47 PN	1:30	178 PN
13:4	94 PVE	2:8	35 PN	2:3	3 CVV
13:4	163 VL	3:3	155 PN	2:5	2 FV
13:7	32 PVE	4:26	55 VL	2:7	8 CVV
13:8	162 VL	5:1	24 PVE	2:8	62 PN
14:7	84 FV	5:1	27 PVE	2:14	75 PN
14:8	124 VL	5:13	28 PVE	2:21	101 FV
14:10	138 PVE	5:13	133 PVE	3:2	145 FV
14:26	1 PN	5:13	128 VL	3:2	74 VL
15:2	149 PN	5:25	13 CVV	3:11	40 FV
15:13	68 CVV	6:1	37 FV	3:13	50 FV
15:19	123 CVV				

Capítulo Versículo	Capítulo Obra	Capítulo Versículo	Capítulo Obra	Capítulo Versículo	Capítulo Obra
3:13	34 PVE	4:15	159 PVE	7:27	139 PN
3:14	81 PVE	4:15	14 VL	8:10	40 PN
3:14	50 VL	4:16	148 CVV	8:11	41 PN
4:4	61 PN	5:4	117 PN	10:6	21 VL
4:6	86 PVE	5:8	156 FV	10:8	48 PN
4:6	146 PVE	5:8	107 PVE	10:16	81 VL
4:8	15 PN	6:6	107 PN	10:24	176 FV
4:8	20 PVE	6:7	47 FV	10:24	116 PVE
4:11	29 CVV	6:7	119 PVE	10:32	60 PN
4:11	85 PVE	6:8	9 FV	10:35	128 FV
4:12	56 PN	6:10	57 CVV	10:36	129 FV
4:13	79 PN	6:10	48 PVE	11:8	3 FV
4:19	73 FV	6:19	63 PVE	11:25	42 FV
4:20	11 FV	**II Timóteo**		12:1	12 FV
4:22	75 CVV	1:6	30 VL	12:1	85 FV
Colossenses		1:7	84 PVE	12:1	76 PN
2:6	73 PN	1:7	31 VL	12:4	79 VL
2:8	58 PVE	1:13	97 PN	12:6	22 VL
3:2	177 PN	1:17	95 VL	12:7	88 PN
3:8	147 PN	2:2	87 PN	12:11	6 FV
3:12	89 VL	2:6	31 FV	12:12	52 FV
3:13	163 FV	2:7	1 FV	12:12	99 FV
3:14	5 VL	2:15	145 PN	12:13	86 PN
3:15	163 PN	2:15	132 PVE	12:15	123 VL
3:16	125 FV	2:16	73 VL	12:28	178 FV
3:17	22 PVE	2:21	78 VL	13:1	141 PN
3:17	108 VL	2:22	151 CVV	13:2	141 PVE
3:23	57 PN	2:24	98 PN	13:5	41 FV
4:2	108 PN	3:12	77 VL	13:5	142 PVE
4:6	77 PN	3:16	121 FV	13:9	134 PN
4:16	143 VL	4:7	148 PVE	13:10	93 FV
4:18	140 PN	4:21	66 VL	13:14	28 VL
I Tessalonicenses		**Tito**		**Tiago**	
4:4	156 VL	1:15	34 FV	1:4	55 PVE
4:9	138 FV	1:16	116 CVV	1:4	67 PVE
4:9	10 PN	2:1	62 PVE	1:4	77 PVE
4:11	136 FV	2:1	16 VL	1:6	165 FV
4:11	37 VL	2:8	43 FV	1:6	22 PN
5:8	98 FV	3:3	179 PN	1:8	29 VL
5:9	139 FV	3:14	25 VL	1:12	101 PN
5:13	65 PN	**Filemom**		1:14	129 CVV
5:13	45 PVE	1:14	120 PVE	1:17	52 CVV
5:16	50 PVE	1:14	165 PVE	1:19	77 CVV
5:18	155 FV	1:18	17 CVV	1:22	165 PN
5:19	135 PN	**Hebreus**		1:22	95 PVE
5:21	53 PVE	1:2	148 FV	1:25	8 FV
5:21	154 VL	1:11	72 CVV	1:27	139 PVE
5:25	17 PN	3:4	71 VL	2:14	140 PVE
II Tessalonicenses		3:13	69 PN	2:17	39 FV
3:2	23 PN	3:15	169 VL	2:17	5 PVE
3:13	11 PN	5:9	16 PN	2:17	106 PVE
I Timóteo		5:13	51 CVV	2:19	20 FV
1:7	15 VL	6:1	83 FV	2:19	137 PVE
1:15	38 PVE	6:7	117 CVV	3:6	170 PN
2:2	39 PVE	6:9	59 CVV	3:10	173 PVE
2:8	84 PN	6:15	103 FV	3:10	179 VL
3:9	131 VL	6:15	68 PVE	3:14	36 VL
4:14	127 VL	7:7	21 FV	3:17	14 PN
				3:17	87 PVE

Fonte viva

Capítulo Versículo	Capítulo Obra
4:8	18 CVV
4:11	151 FV
4:12	46 CVV
4:13	119 FV
4:14	170 VL
4:15	105 PVE
4:17	99 PVE
5:3	24 CVV
5:5	80 FV
5:9	96 PVE
5:9	100 PVE
5:9	118 VL
5:15	86 FV
5:16	102 FV
5:16	157 VL
5:20	178 VL
I Pedro	
1:9	92 VL
1:22	90 VL
2:5	133 VL
2:13	81 CVV
2:15	60 CVV
2:21	171 FV
2:21	117 VL
3:8	114 PVE
3:9	118 PN
3:10	80 PVE
3:10	109 PVE
3:11	79 FV

Capítulo Versículo	Capítulo Obra
3:11	27 VL
3:13	173 CVV
3:17	64 PN
4:8	122 FV
4:8	99 PN
4:10	61 CVV
4:10	130 FV
4:13	83 CVV
4:16	80 VL
5:2	26 PN
5:3	69 VL
5:7	8 PN
II Pedro	
1:1	154 PVE
1:1	112 VL
1:5	122 PVE
1:6	121 PVE
1:14	12 PN
1:20	Pref. CVV
1:21	156 CVV
2:11	131 CVV
2:14	169 PN
2:19	99 CVV
2:19	132 CVV
3:17	43 VL
3:18	46 VL
I João	
1:7	41 PVE
2:6	134 FV

Capítulo Versículo	Capítulo Obra
2:6	167 FV
2:10	159 FV
2:11	158 FV
2:21	96 PN
3:11	95 PN
3:18	130 VL
4:1	69 CVV
4:6	84 VL
4:6	109 VL
4:18	4 PVE
4:20	71 FV
4:21	23 PVE
4:21	167 VL
II João	
1:6	110 VL
1:8	120 CVV
1:10	83 VL
III João	
1:11	122 PN
Judas	
1:3	49 VL
1:10	48 CVV
Apocalipse	
2:10	26 CVV
2:21	92 PN
3:18	135 CVV
22:17	152 FV
22:20	10 FV

Índice geral[10]

A
Adversidade
  visita – 35
Aflição
  compreensão – 77
  superação – 73
Alegria
  sementeira – 73
Alimento espiritual – 147
Alma
  colheita – 45
  consciência – 25
  crescimento – 71
  esperança – 102
  Evangelho – 125
  iluminação – 69
  influência – 108, 154
  luta – 16
  ociosidade – 6
  reino – 6
  renovação – 67, 141
  sofrimento – 41, 124, 171
  templo – 93
  transformação – 169
  valor – 52
  vício – 27
Amor
  caridade – 60
  compreensão – 159
  conhecimento,
  discernimento – 91
  egoísmo – 101, 159
  fraternidade – 158, 159
  fuga – 158
  irradiação – 60
  Jesus – 67
  manifestação – 91
  ofensa – 159
  perdão – 159
  próximo – 71, 126
  publicano – 96
  tolerância – 159
  valor – 91
Ananias
  Paulo de Tarso – 17
Aperfeiçoamento
ver Evolução
Apocalipse
  tempo – 10
Apóstolo
  competência – 131
  conceito – 57
  Jesus, recriminação e – 131
  responsabilidade
  – 55, 57, 105
Arrependimento
  obra morta – 83
  perfeição – 83
  retificação – 90
  trabalho – 88
Ascensão espiritual
  caminho – 54
  sustentação – 41
Atos dos apóstolos
  fé – 14
  Jesus – 87
  Paulo – 17
  prece – 149
  vida – 23
Autoaperfeiçoamento – 62
Autolibertação – 47
Autoridade política
  Jesus – 134
Avareza
  loucura – 120

B
Batismo – 87
Bem
  adversário – 144
  adiamento – 119
  atuação – 173
  consagração – 47
  convite – 153
  Paulo de Tarso – 124
  prática – 9
  princípio – 94
  semeadura – 119
  valorização – 120
  vitória – 35
Bens materiais
  administração – 75
  altruísmo – 120
  apego – 84
  aquisição – 79

---

[10] N.E.: Remete ao número do capítulo.

avareza – 120
caridade – 60
Causa e Efeito – 120
loucura – 120
merecimento – 177
preguiça – 136
preocupação – 48
procedência – 60
usufruto – 168
Boa-Nova *ver* Evangelho
Boa vontade
  desafeto – 56
  desistência – 141
  felicidade – 133
  semente – 52
Bom combate – 114
Bondade
  difusão – 60
  humana – 137
  semeadura – 160

C
Cadáver – 143
Caridade
  abandono – 26
  abnegação – 60
  amor – 60
  compreensão – 60, 98
  conhecimento – 22
  coragem – 73
  couraça – 98
  estímulo – 73
  exercício – 53
  felicidade – 117
  fraternidade – 98, 117
  humildade – 72
  intemperança – 98
  material – 117
  moral – 117
  nascimento – 9
  prática – 28, 98
  redução – 60
  solidão – 70
  templo – 93

Paulo de Tarso – 138
Codificação Kardequiana
  ver Espiritismo
Compreensão – 29
Condenação – 135
  Defeito – 109
Confiança
  alma tíbia – 128
  Jesus e – 113
Conhecimento *ver* Educação
Consciência
  contaminação – 34
  Cristianismo – 126, 170
  fé – 111
  infidelidade – 27
  lei eterna – 111
  paz – 136
  prece – 164
  reflexão – 135
  templo – 93
  trabalho – 136
Espiritismo
  missão – 138
Imediatismo – 5
Corpo
  alteração – 169
  Espírito – 128
  recurso – 42
  valorização – 124
Corrigenda – 6
Criança, conceito – 157
Cristão
  atitude – 94
  conduta – 90
  formação – 22
  leviandade – 176
  reforma íntima – 93
  valores – 95
Cristianismo
  aprendiz – 87
  círculo – 14
  consciência – 126
  ensinamento – 53

Cristo *ver* Jesus
Crítica – 135
D
Débito
  esquecimento – 21
  pagamento – 156
Desafeto
  algemas – 56
  antídoto – 56
  boa vontade – 56
Desastre espiritual – 50
Descompromisso – 137
Desencarnação
  bens materiais – 86
  consciência – 86
  justiça – 160
  momento – 73
  Providência Divina – 65
  reparação – 141
  tempo perdido – 10
Destino
  obrigação – 129
  lei – 47
  pensamento e – 161
Deus
  amor – 71, 91
  amparo – 41
  bênção – 45
  crença – 20
  glória – 11
  invocação – 20
  Jesus – 164
  prece – 77
  vontade – 17
Dever – 136
Vaidade – 44
Evangelho
  discípulo – 138
Divindade
  gênese – 30
Dor
  aprendizado – 90
  empatia – 77

extinção – 73
resistência – 162
transformação – 46
tributo – 38
Doutrina Espírita
ver Espiritismo
Dúvida
  derrotismo – 165
  fé – 165

E
Educação
  amor – 91
  angelitude – 30
  mal – 20
  bem – 20
  interrupção – 54
Egoísmo
  caridade – 24, 73, 101
  compreensão – 77
  cristalização – 82
  entes queridos – 101
  evolução – 49
  humildade – 101
  incredulidade – 78
  interesse – 64
  Narciso – 101
  ponto de vista – 64
  prece dominical – 77
  qualidade – 101
  trabalho – 101
  união – 49
  virtude – 101
  virtude – 101
Elevação espiritual
  caminho – 71
  caridade – 71, 73
  Humildade – 118
  incompreensão – 70
  Jesus – 95
  Paulo de Tarso – 69
  privilégio – 65
  resistência – 90
  sacrifício – 95

sofrimento – 124
solidão – 70
talento – 130
trabalho – 82
vaidade – 65
Enfermidade
  cura – 86
  inconformação – 141
  indisciplina – 86
  Justiça Divina – 141
  origem – 86
  paciência – 130
  suicídio – 86
  talento – 130
Escola
  função – 61
Escravidão
  povo educado – 67
Esmola – 60
Espada simbólica
  Jesus – 114
  paz – 114
Esperança
  abandono – 99
  ausência – 102
  negação – 27
  paz divina – 103
  salvação – 94
  vitória do bem – 94
Espiritismo
  arraial – 14
  base – introd.
  Evangelho – introd.
  fé raciocinada – introd.
  justiça – introd.
  missão de
    Consolador – 138
  trabalho renovador – 87
Espírito
  aparência exterior – 7
  encarnado na Terra – 42
  ressurgimento – 16
Espírito cristão
  aflição – 61

Espírito encarnado *ver* Alma
Estagnação espiritual
  privilégios – 112
Estima
  consagração – 24
Estudo
  desinteresse – 48
Eternidade
  Paulo de Tarso – 168
  semeadura – 138
  valor – 177
Evangelho
  aceitação – 125
  adesão – 22
  apostolado – 69
  aprendiz – 3, 27, 74,
    82, 83, 104, 112,
    117, 138, 167
  atitude – 15
  cooperador – 68
  discípulo – 8, 55, 58, 153
  expressão – 23
  fé – 39
  força contrária – 94
  harmonia – 84
  homem culto – 104
  interpretação – 88
  irradiação – 125
  luta moral – 171
  neutralidade – 126
  ociosidade – 54
  paciência – 118
  padrão de Jesus – 104, 134
  Paulo de Tarso – 88
  paz – 137
  perdão – 135
  prática – 53, 83
  princípios – 69
  reforma íntima – 87
  renovação – 95
  renúncia – 140
  Revelação Divina – 92
  rogativa – 112
  seguidor – 8, 17

sentimento – 67
servidor – 64
suprimento celeste – 53
verdade divina – 68
vivência – 116
Evolução
  caridade – 20
  dor – 30
  egoísmo – 49
  habilitação – 10
Extremismo – 134

F

Farisaísmo – 134
Fé
  ausência – 125
  benefícios – 81
  concentração – 26
  consciência – 111
  convenções – 128
  cultivadores – 145
  diapasão – 15
  dificuldade – 90
  espírito – 28
  esquecimento – 26
  estagnação – 112
  Evangelho – 39
  felicidade – 26
  iluminação espiritual – 69
  Jesus – 39
  mistério divino – 69
  pessoa – 14
  reforma íntima – 83
  santificação – 14
  templo de pedra – 93
  Tomé – 100
Felicidade
  aflição – 73
  boa vontade – 133
  caridade – 117
  harmonia – 120
  lar – 120
  problema – 6
  religião – 20

sacrifício – 28
trabalho – 122
Parábola do filho
  Pródigo – 88
Fraternidade
  caridade – 117
  cooperação – 144
  exemplo – 73
  Jesus – 180
  Paulo de Tarso – 154
  perdão – 119
  vivência – 56

G

Governo temporal
  dinheiro – 121
Graça Divina
  Cristo – 25
  vida humana – 25
Guerra
  existências de
  expiação – 114
  ideal superior – 114
  iniquidade – 114
  morticínio – 114
  sentimento – 114

H

Harmonia
  produção – 130
Herança
  discórdia – 148
  divina – 52
  imortalidade –
  Paulo de Tarso – 148
Humanidade
  humilhação – 104
  Evangelho – 153
  esclarecimento – 131
  ideal – 67
  Pai Nosso – 104
  personalidade – 104
  político – 104
  prece dominical – 77
  sacerdote – 104

vida mental – 144
Jesus Cristo
  moral – 127
Humildade
  caridade – 72
  covardia – 44
  egoísmo – 101
  elevação espiritual – 118
  Evangelho – 118
  exemplo – 28, 47
  incompreensão – 72
  Jesus – 72
  responsabilidade – 72
  testemunho – 26

I

Imortalidade
  herança divina – 128
Individualidade
  dificuldade – 12
  pensamento – 76
  reforma – 6
  retraimento – 55
  sublimação – 54
  tentação – 110
  valorização – 92
Inferno
  ímpio – 136
Infância espiritual – 152
Inspiração
  qualidade – 108
  divina – 115
Intemperança
  causa – 139
Jesus
  abnegação – 72
  apelo – 19
  apostolado – 19, 147
  aprendiz – 74, 175
  auxílio – 89
  bem – 137
  caridade – 96
  cego de Jericó – 89
  chamamento – 153

colaboração – 8, 68
comunhão – 58
confiança – 27, 125
consolação – 152
cooperador – 63
coração – 93
coração do homem – 74
crente – 5
criança – 157
crucificação – 127
 cruz – 114
cura – 36
deliberação – 13
descompromisso – 137
dignidade – 127
discípulo – 15, 45, 55, 58, 63, 94
dom – 25, 145
enfermidade – 28
ensinamentos – 5, 55, 67, 116
esmola – 60
espada – 114
farisaísmo – 134
fé – 39
felicidade – 101
fraternidade – 15, 180
harmonia – 75
Humanidade – 127
humildade – 64, 72
intercessão divina – 63
interesse – 29
 invocação – 170
Judas, apóstolo – 88, 109
Lázaro – 134
linguagem – 48
luz do mundo – 105
mal – 162
Maria de Magdala
e – 88, 109
martirológio – 97
medida drástica – 19
mensageiro – 17
ministério – 68

missão – 64, 72
Moisés – 134
Nicodemos – 109
Pai nosso – 164
palavra – 5, 15, 43, 59, 60
passado – 109
pensamento – 137
perdão – 38, 97, 135
perfeição – 83
política – 134
Pôncio Pilatos – 127
prece dominical – 77
promessa – 44
publicano – 96
recriminação – 131
reencarnação – 56
reforma íntima – 58, 74
regeneração – 76
reparação – 89
resposta materializada – 173
rotulagem humana – 170
sacrifício – 67, 179
salvação – 16, 139
samaritana – 93
samaritano – 175
seguidor – 74
semeador – 64
sementes – 25
Simão Pedro – 88, 109
Simão, cireneu – 140
Sinédrio – 61
socorro – 133
talentos – 32
tesouro – 177
testemunha – 140
Tomé, apóstolo – 100, 109
trabalho – 75
verdade – 106 – 173
vida interior – 18
virtude – 25
Zaqueu – 109
João, apóstolo
 amor – 71, 158, 159

exemplo – 109
padrão – 134
serviço – 105
templo de pedra – 92
Judas, apóstolo
 Jesus – 88
Julgamento
 divergência – 135
 severidade – 160
Justiça divina
 corrigenda – 6
 desencarnação – 160
 enfermidade – 141
 Lei de Causa e Efeito – 160

K
Kardec, Allan
 missão de – introd.

L
Lar
 Jesus – 175
 bens materiais – 120
 cristianismo – 25
 relaxamento espiritual – 157
 sublimação – 115
Lázaro
 Jesus – 134
 Prece
 densidade – 150
Causa e Efeito
 Bem material – 120
 destino – 108
 justiça – 160
Lei de Deus
 amor ao próximo – 126
 cego de Jericó – 89
 desinteresse pela aplicação – 48
 desrespeito – 38
 esquecimento – introd.
 privilégio – 62

Lei de Liberdade
  culto – 8
Lei de Moisés
  Jesus – 134
Lei Divina *ver* Lei de Deus
Lei do auxílio – 72
  Consciência – 111
Libertação
  caminho – 172
  Jesus – 172
Limitação
  superação – 61
Linguagem
  valor – 43
Livro dos Espíritos, O
  fundamentos do
  Espiritismo e – introd.
  introdução de – introd.
  Lei de Deus – introd.
Loucura
  avareza – 120
  bem material – 120
Lucas, apóstolo
  arrependimento – 88
  fraternidade – 126
  natal – 180
  prece – 61
  Simão, cireneu – 140
  soerguimento – 13
Luz espiritual *ver* Evolução

M
Madalena
  gênios do mal – 109
Mágoa
  compreensão – 56
Mal
  combate – 94
  conservação – 35
  conversão – 19
  importância – 151
  Jesus – 162
Maledicência
  inferioridade – 151
  sinceridade – 151
  Tiago, apóstolo – 151
Mansidão
  espírito – 37
Marcos, apóstolo
  multiplicação dos
  pães – 133
Maria de Magdala
  Jesus – 88
Mateus, apóstolo
  crucificação – 70
  Jesus – 104
  recompensa – 22
  salvação – 46
  vida mental – 144
Médium
  Evangelho – 92
  faculdades – 92
  individualidade – 92
  vida espiritual – 92
Melindre
  combate – 47
Crucificação
  humildade – 97
  fé renovadora – 97
  Jesus – 97
  sentimentos
  inferiores e – 97
Mente
  bens materiais – 107
  ociosidade – 27
Missão
  criação indébita – 29
Missionário
  prejuízo do trabalho – 104
Mistério divino
  fé – 69
Moisés
  faraó – 42
  legislação – 42
Morte
  conceito – 143
  vida – 132

Samaritana
  Jesus – 93
Multiplicação dos pães
  cooperação – 133
  Marcos, apóstolo – 133
Mundo espiritual
  intercâmbio – introd.
Mundo superior
  acesso – 50

N
Natureza
  laboratório divino – 82
  lições – 56
  regozijo – 102
  prece – 149, 150
  produção – 66
  Providência Divina – 150
  reino inferior – 82
  retribuição – 32
Necessidade humana – 73
Nicodemos – 109

O
Obediência
  compreensão – 29
  servilismo – 44
Ociosidade da alma – 66
Oração *ver também* Prece
Orgulho
  extinção do – 122

P
Paciência
  exercício – 129
Pai nosso
  família cristã – 104
  Jesus – 164
Paixão justificável – 55
Palavra
  utilização da – 67
  divina – 48
  apoio mental – 59
  objetivo – 59
  procedência – 59

Parábola do Semeador
   ensinamento – 64
   imagem – 64
Parábola dos Talentos
   ociosidade – 132
   servo negligente – 132
Parentela
   fraternidade – 156
   Paulo de Tarso – 156
   sacrifício – 156
Passado
   lembranças – 56
Patrimônio espiritual
   roubo – 142
Paulo de Tarso
   abnegação – 53, 72
   agradecimento – 155
   altar do coração – 93
   amparo – 41
   Ananias – 17
   apóstolo – 57
   bem – 35, 47
   caridade – 9, 72, 98, 176, 138
   confiança no Mestre – 27
   conversão – 17
   cooperador – 68
   corrigenda – 6
   Cristo – 73, 91
   cruz – 97
   dom cristão – 25
   dom espiritual – 4
   educação – 30
   egoísmo – 101
   elevação espiritual – 65
   esperança – 94
   eternidade – 168
   Evangelho – 88
   fé – 90, 98
   fraternidade – 154
   função – 55
   glorificação – 11
   herdeiro do Pai – 148
   humildade – 72, 118
   impedimento – 12
   incredulidade – 78
   inspiração – 76
   julgamento – 34
   lealdade – 115
   lição – 1
   linguagem – 43
   maioridade – 21
   merecimento – 24
   paciência – 103, 129
   palavra de Jesus – 125
   palavra divina – 121
   parentela – 156
   paz – 49, 123
   pecado – 42
   perdão – 163
   perfeição – 50, 83
   personalismo – 51
   piedade – 178
   ponto de vista – 16
   Providência Divina – 73
   reencarnação – 3
   reforma íntima – 62
   regeneração – 37
   regozijo – 102
   renovação – 141, 169
   roubo – 142
   salvação – 139
   semeadura – 160, 161
   sentimento – 2, 67
   servidor – 55
   servir ao Senhor – 29
   servos – 55
   templo de pedra – 93
   trabalho – 31, 69, 99, 142
   tributo espiritual – 40
   vida interior – 5
   virtude – 54
   vontade divina – 107, 129
Paz
   bem material – 79
   busca – 79
   caminho – 49, 123
   consciência – 136
   desejo – 79
   espada simbólica – 114
   Paulo de Tarso – 49
   penitência – 137
   problema – 146
   promessa – 137
   resgate – 129
   responsabilidade – 79
   trabalho – 136
   unidade espiritual – 49
Pensamento
   alteração – 34, 76
   conceito – 149
   destino – 161
   escravização – 161
   espírito – 76
   fermento – 161
   individualidade – 76
   influência – 76
   Jesus – 76
   molde mental – 161
   reciprocidade – 76
   redenção do mundo – 144
   reforma íntima – 76
   religioso – 137
   semeadura – 161
Perdão
   amor – 159
   Evangelho – 135
   fraternidade – 119
   libertação – 135
   Paulo de Tarso – 163
   reajustamento – 119
   tolerância – 163
Perfeição
   incentivo – 52
   Jesus – 83
Personalidade
   transformação – 107
Personalismo
   interferência – 55
Piedade
   Paulo de Tarso – 178

Fonte viva

Pôncio Pilatos
  Jesus – 127
  palavras – 127
Ponto de vista
  incompreensão – 125
  verdade – 172
Porta
  simbologia – 172
  Jesus – 172
Prece
  amor a Deus – 77
  conceito – 149
  consciência – 164
  densidade – 150
  egoísmo – 77
  enfermidade – 86
  fraternidade – 149
  fundamento – 77
  homem justo – 150
  homem justo – 77
  iluminação – 61
  importância – 61
  Natureza – 149
  propósito divino – 77
  reforma íntima – 69
  restauração – 69
  templo de pedra – 93
Prece *ver também* Oração
Progresso
  obrigação – 66
  princípio divino – 21
  tarefa – 132
Prova
  paciência – 129
Providência Divina
  administração do
  talento – 75, 130
  apelo – 75
  bênção – 155
  Natureza – 150
  necessidade humana – 73
  reforma íntima – 78
Publicano
  amor – 96

caridade – 96
  Jesus – 96
Redenção – 144
Revelação divina – 4
Reencarnação
  benção – 36
  estação – 3
  objetivo – 2
  reajustamento – 110
Reforma íntima
  busca da verdade – 81
  conhecimento
  superior – 107
  construção – 65
  discípulo de Jesus
  – 140, 175
  Evangelho – 87
  fé – 83
  oportunidade – 56
  prece – 69
  testemunho – 140
  trabalho – 83, 87
Regeneração
  tarefa individual – 106
Reino de Deus
  contribuição – 171
  edificação – 134
  reforma íntima – 56
  vida íntima – 15
Relações humanas
  Evangelho – 138
  remédio – 138
Renovação
  homem interior – 169
Respeito
  exercício – 38
Responsabilidade
  agravo – 107
  humildade – 72
  isenção – 112
  responsabilidade – 58
  trabalho – 29

Ressentimento – 47
Ressurreição *ver*
Reencarnação
Revelação Divina *ver*
Evangelho, Boa-Nova
Sabedoria – 23
Sacrifício
  bem – 36
  benefício – 28
  cristão – 105
  Jesus – 179
  parentela – 156
  renúncia – 163
  sementeira de luz – 112
Salvação
  Jesus – 139
  Paulo de Tarso – 139
Samaritano
  Jesus – 175
Semeador
  ação – 64
  colheita – 32
Sentimento
  alteração – 67
  desvio – 148
  Deus – 164
  templo – 147
Serviço
  negação – 36
  recapitulação – 10
  apostólico – 106
Silêncio
  remédio – 34
Simão, cireneu
  Jesus – 140
  Lucas, apóstolo – 140
Simão Pedro
  caridade – 122
  Cristianismo – 109
  dom divino – 130
  Jesus – 88, 109, 171
  paz – 79
  vida eterna – 59

Soberano dominador
  prêmio – 128
Sociedade humana
  fraternidade – 122
  respeito – 122
Socorro
  fé – 174
  Jesus – 174
Sofrimento
  aproveitamento – 171
  colheita – 124
  corpo – 124
  elevação – 124
  função – 162
Solidariedade
  exercício – 53
Sublimação
  processo – 107
  recurso – 6
Suicídio
  indireto – 86

T

Talento
  administração – 75, 130
  Mateus, apóstolo – 132
Tarefa
  humana – 146
  progresso – 132
Templo de pedra
  caridade – 93
  desencanto – 147
  fé – 93
  finalidade – 93
  inspiração divina – 93
  João, apóstolo – 92
  Paulo de Tarso – 93
  prece – 93
Tendência
  inferioridade – 110
Tentação
  combate – 110
  origem – 110
Terra
  escola – 152
  evolução – 71
  impedimentos – 12
Tesouro
  espiritual – 32
  eterno – 23
Tiago, apóstolo
  Deus – 20
  dúvida – 165
  fé – 26, 39
  liberdade – 8
  maledicência – 151
  prece – 86, 150
  trabalho – 80
Tolerância
  amor – 159
  incompetência – 44
  perdão – 163
Tomé, apóstolo
  fé – 100
  Jesus – 109
  ressurreição – 100
Trabalhador
Trabalho
  aprendiz – 82
  arrependimento – 88
  bênção – 68, 100
  benefício – 31, 62
  boa vontade – 122
  consciência – 136
  Deus – 4
  devoção – 67
  egoísmo – 101
  espiritualização – 82
  Evangelho – 55, 69, 95
  exemplo – 113
  felicidade – 82
  fuga – 79
  individualidade – 89
  inferioridade – 80
  Jesus – 89
  lei – 80
  libertação – 82
  morte – 73
  Natureza – 80
  Paulo de Tarso – 99
  paz – 79
  perseverança – 113
  prece dominical – 77
  reforma íntima – 83, 87
  respeito – 122
  responsabilidade – 26, 29
  revelação – 19
  talento – 75
  Tomé, apóstolo – 100
  utilidade – 77
  verdade – 81
  vício – 113
  vigilância – 99

U

União fraterna – 49
Unidade espiritual
  Paulo de Tarso – 49
Universo
  característica – 80
  trabalho – 80

V

Valor espiritual – 52
Verdade
  acerto de contas – 38
  afastamento – 43
  conhecimento – 81
  conquista – 81
  divulgação – 81
  entendimento – 173
  exposição – 1
  Jesus – 106, 173
  obtenção – 81
  paz – 81
  procedência – 121
  reforma íntima – 81, 121
Vício
  alma – 27
  esquecimento – 113
  julgamento – 113
  trabalho – 113
  virtude – 128

Fonte viva

Vida
  alma – 71
  apelo – 48
  bem – 65
  código – 1
  compreensão – 107
  filho – 13
  ilusão – 65
  morte – 132
  palavra – 59
  período – 78
  Providência Divina – 65
  regência – 9
  sepultamento – 143
  tempo – 10
  talento – 78

Vida interior
  amor – 60
  autocrítica – 51
  caridade – 60
  desajuste – 171
  esmola – 60
  mal – 51
  pessimismo – 51
  recurso – 18
  revolta – 51
Vida superior
  busca da – 24
  preparação – 66
Virtude
  ausência – 34
  busca – 54

  egoísmo – 101
  trabalho – 113
  vício – 101, 128
Vontade
  valor da – 36
Vontade de Deus
  compreensão da
  vida – 107
  Paulo de Tarso – 107
Zaqueu
  Jesus – 109
Zona inferior
  saída – 74

Tabela de Edições
Fonte viva

EDI.	IMP.	ANO	TIR.	FORM.
1	1	1956	11.000	11x15,5
2	1	1960	5.030	11x15,5
3	1	1964	5.030	11x15,5
4	1	1968	5.000	11x15,5
5	1	1972	10.000	11x15,5
6	1	1975	12.500	11x15,5
7	1	1978	10.200	11x15,5
8	1	1979	10.200	11x15,5
9	1	1980	10.200	11x15,5
10	1	1982	10.200	11x15,5
12	1	1983	10.200	11x15,5
12	1	1984	10.200	11x15,5
13	1	1985	15.200	11x15,5
14	1	1986	20.200	11x15,5
15	1	1987	20.200	11x15,5
16	1	1988	30.200	11x15,5
17	1	1990	25.000	11x15,5
18	1	1992	30.000	11x15,5
19	1	1994	25.000	11x15,5
20	1	1995	30.000	11x15,5
21	1	1997	20.000	11x15,5
22	1	1998	30.000	11x15,5
23	1	1999	10.000	11x15,5
24	1	2000	5.000	11x15,5
25	1	2000	5.000	11x15,5
26	1	2001	5.000	11x15,5
27	1	2001	5.000	11x15,5
28	1	2002	20.000	11x15,5
29	1	2003	20.000	11x15,5
30	1	2004	8.000	11x15,5
31	1	2005	3.000	11x15,5
32	1	2005	2.000	11x15,5
33	1	2005	5.000	11x15,5
34	1	2006	10.000	11x15,5
35	1	2006	10.000	11x15,5
36	1	2007	15.000	11x15,5
36	2	2008	15.000	11x15,5
36	3	2009	16.000	11x15,5
36	4	2010	20.000	11x15,5
36	5	2011	10.000	11x15,5
36	6	2012	12.000	11x15,5
37	1	2015	10.000	10x15
37	2	2016	10.000	10x15
37	3	2017	8.000	10x15
37	4	2017	11.000	10x15
37	5	2018	3.500	10x15
37	6	2018	4.000	10x15
37	7	2018	6.500	10x15
37	8	2019	4.000	10x15
37	9	2019	3.200	10x15
37	10	2020	10.000	10x15
37	11	2022	2.500	10x15,5
37	12	2022	5.000	10x15,5

TOTAL DE EXEMPLARES: 629.260

EDI.	IMP.	ANO	TIR.	FOR.
1	1	2005	10.000	14x21
1	2	2008	3.000	14x21
1	3	2010	3.000	14x21
1	4	2011	3.000	14x21
1	5	2013	10.000	14x21
1	6	2013	10.000	14x21
1	7	2014	10.000	14x21
1	8	2015	10.000	14x21
1	9	2015	9.000	14x21
1	10	2017	4.000	14x21
1	11	2017	5.500	14x21
1	12	2018	5.500	14x21
1	13	2018	1.500	14x21
1	14	2018	3.000	14x21
1	15	2019	3.000	14x21
1	16	2020	6.500	14x21
1	17	2021	5.000	14x21
1	18	2022	2.000	14x21

TOTAL DE EXEMPLARES: 104.000

EDI.	IMP.	ANO	TIR.	FOR.
1	1	2022	6.000	15,5x23

TOTAL DE EXEMPLARES: 6.000
TOTAL GERAL DE EXEMPLARES: 739.260

Codificação
Allan Kardec

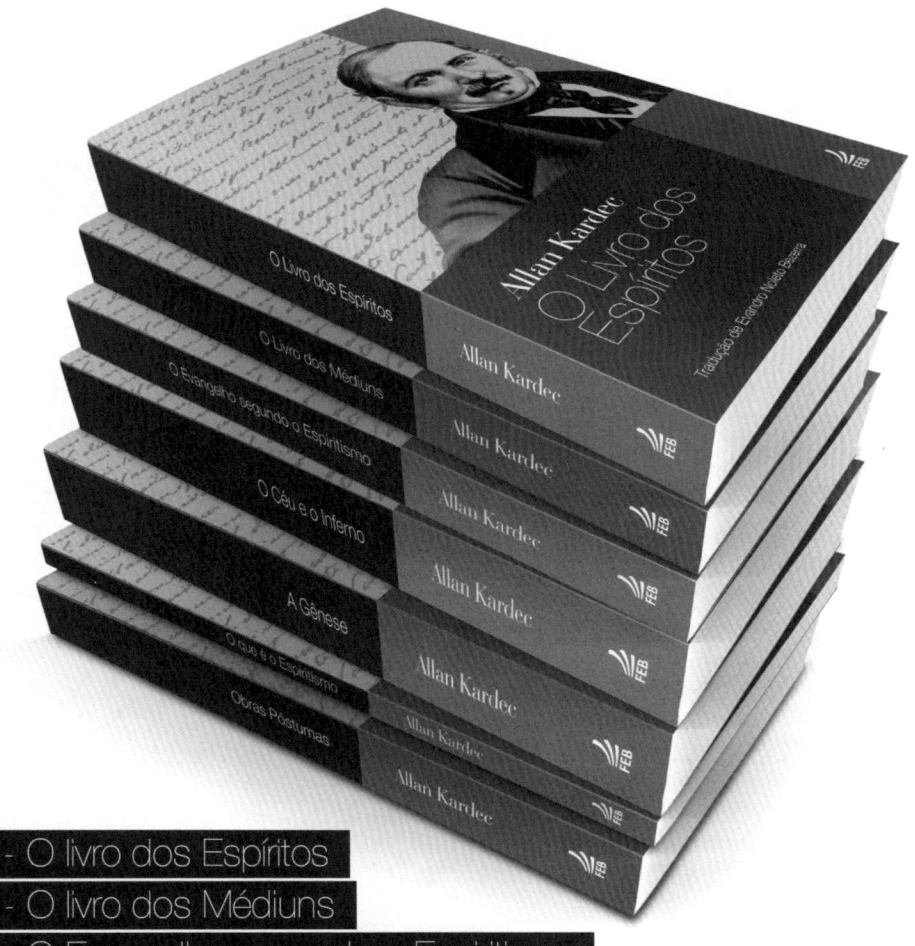

- O livro dos Espíritos
- O livro dos Médiuns
- O Evangelho segundo o Espiritismo
- O Céu e o Inferno
- A Gênese
- O que é o Espiritismo
- Obras Póstumas

COLEÇÃO
ESTUDANDO A
CODIFICAÇÃO

Uma das mais belas coleções da literatura espírita, composta pelos livros *Religião dos espíritos*, *Seara dos médiuns*, *O Espírito da Verdade*, *Justiça divina* e *Estude e viva*, apresenta um estudo aprofundado das obras da Codificação Espírita.

FEB
Fonte viva

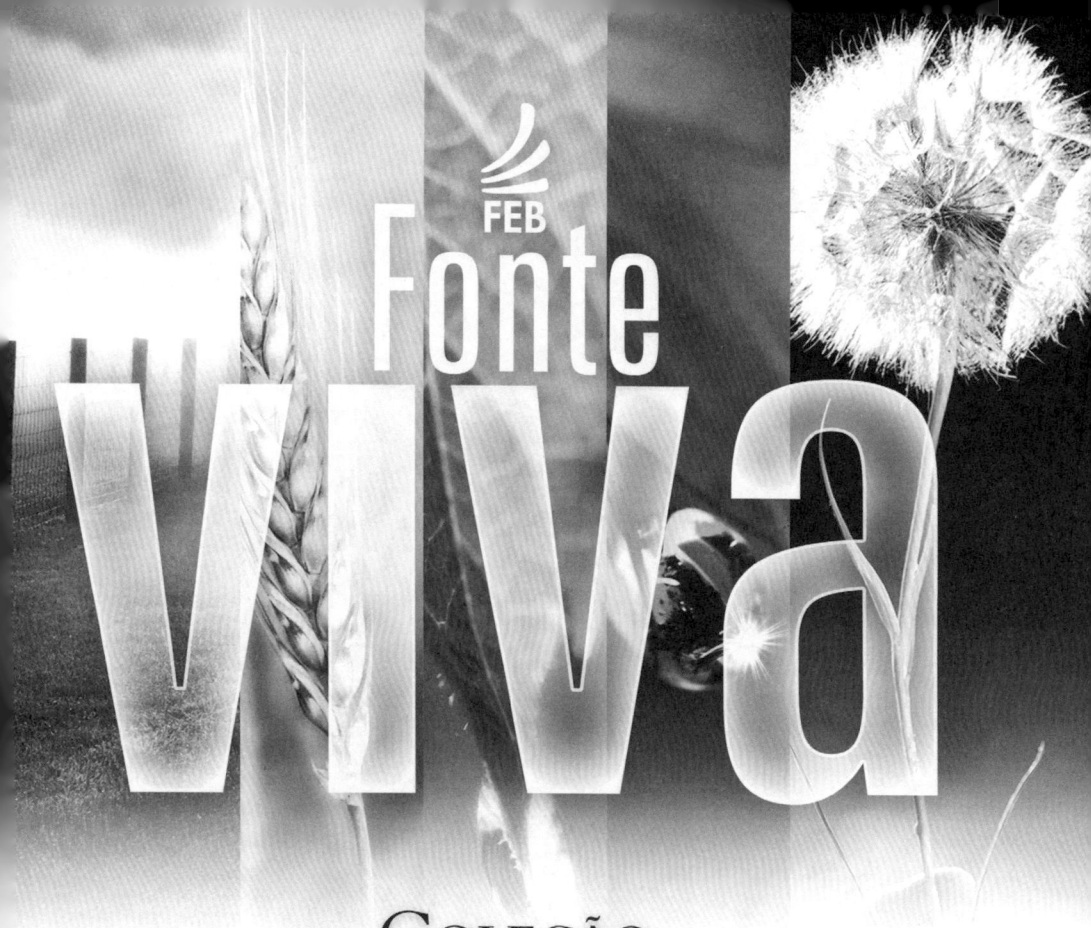

COLEÇÃO

| 1949 | 1950 | 1952 | 1956 | 1964 |

BIOGRAFIA DE
CHICO XAVIER

Um dos mais destacados expoentes da cultura brasileira do século XX, Chico Xavier nasceu em 1910 e, desde os 5 anos, começou a ver e ouvir os Espíritos, tendo estabelecido com eles um relacionamento que deu resultado à publicação de mais de 400 obras.

Esse intenso trabalho foi interrompido apenas em 2002, ano de sua desencarnação, e resultou em um acervo de diversos gêneros literários, como poemas, contos, crônicas, romances, obras de caráter científico, filosófico e religioso.

Testemunhando qualidade literária extraordinária, as obras de Chico Xavier são um autêntico sucesso editorial e já alcançaram mais de 25 milhões de exemplares somente em língua portuguesa. Muitos de seus livros são *best-sellers* indiscutíveis, inspirando a produção de filmes, peças de teatro, programas e novelas de televisão.

De personalidade bondosa, nosso querido Chico sempre se dedicou ao auxílio dos mais necessitados; o trabalho em benefício do próximo possibilitou ao médium a indicação, por mais de 10 milhões de pessoas, ao Prêmio Nobel da Paz de 1981. No ano de 2012, Francisco Cândido Xavier foi eleito "O maior brasileiro de todos os tempos", em evento realizado pelo Sistema Brasileiro de Televisão (SBT).

BIOGRAFIA DE
EMMANUEL

Conhecido por ser o guia espiritual do médium Francisco Cândido Xavier, o Espírito Emmanuel tem atuação de destaque no campo do estudo, prática e divulgação do Evangelho de Jesus a partir da Doutrina Espírita. O mentor fez parte da equipe que auxiliou Allan Kardec na Codificação e assinou a primeira, das duas mensagens, intitulada "O egoísmo", item 11, disponível no capítulo XI de *O evangelho segundo o espiritismo*.

Por meio de suas expressões literárias, Emmanuel revelou suas encarnações mais conhecidas: o senador romano Publius Lentulus, o escravo Nestório, o padre Manuel da Nóbrega e o padre Damiano. O primeiro encontro com Chico Xavier aconteceu em 1931, quando confidenciou ao médium os planos de publicar 30 obras. Emmanuel foi o coordenador de todo o trabalho psicografado por Chico. A parceria entre os dois trouxe à luz mais de uma centena de obras espíritas, das quais 60 fazem parte do catálogo da FEB e três foram inseridas entre os dez melhores livros espíritas do século XX.

Traduzidos para vários idiomas, os livros de Emmanuel englobam romances históricos, mensagens e conselhos espirituais, entre outros, que repassam profundo conhecimento sobre a mensagem do Cristo, seu estudo e sua vivência.

www.febeditora.com.br

/febeditora   /febeditoraoficial   /febeditora

Conselho Editorial:
Jorge Godinho Barreto Nery – Presidente
Geraldo Campetti Sobrinho – Coord. Editorial
Cirne Ferreira de Araújo
Evandro Noleto Bezerra
Maria de Lourdes Pereira de Oliveira
Marta Antunes de Oliveira de Moura
Miriam Lúcia Herrera Masotti Dusi

Produção Editorial:
Elizabete de Jesus Moreira

Revisão:
Federação Espírita Brasileira e União Espírita Mineira

Capa:
Luciano Carneiro Holanda

Projeto Gráfico:
Luciano Carneiro Holanda
Rones José Silvano de Lima – instagram.com/bookebooks_designer

Diagramação:
Thiago Pereira Campos

Foto de Capa:
http://www.dreamstime.com/kevron2001_portx80

Normalização Técnica:
Biblioteca de Obras Raras e Documentos Patrimoniais do Livro

Esta edição foi impressa pela Ipsis Gráfica e Editora S.A., Santo André, SP, com tiragem de 6 mil exemplares, todos em formato fechado de 155x230 mm e com mancha de 118x186 mm. Os papéis utilizados foram o Off white 80 g/m² para o miolo e o revestimento Couché Fosco 150 g/m² para a capa dura. O texto principal foi composto em fonte Adobe Garamond 16/19 e os títulos em Adobe Garamond 32/28. Impresso no Brasil. *Presita en Brazilo.*